Inhaltsverzeichnis

APP Lösungen Handlungsmaterialien

Zählen und aufschreiben

(1) Wie viele sind es?

🍌	卌I	6
🥬		
🎃		
🍎		
🍐		
🫐		

🛍️		
🥕		
🍅		
🧅		
🥚		
🍍		

0	1	2	3							

APP Video

② Male und schreibe.

5

4

7

3

8

10

2

6

9

1	2
1	2
1	

3	3
4	
5	
6	
7	
8	
9	

		9	8								

Im Regal

Kreuze an ☒.

1 Was ist unter  ?

 ☐  ☐  ☐

2 Was ist unter  ?

 ☐  ☐  ☐

3 Was ist über  ?

 ☐ 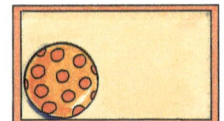 ☐  ☐

(4) Was ist über  **?**

 ☐  ☐  ☐

(5) Was ist zwischen   **?**

 ☐  ☐  ☐

(6) Was ist links neben  **?**

 ☐  ☐  ☐

(7) Was ist rechts neben  **?**

 ☐  ☐  ☐

Auf einen Blick

(1)

4   ___   ___   ___

(2)

___   ___   ___   ___   ___   ___

(3)

___   ___   ___   ___

___   ___   ___   ___

(4)

___   ___   ___   ___

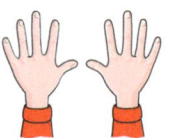 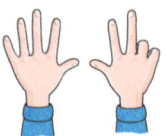 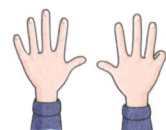 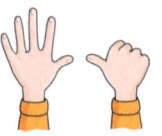

___   ___   ___   ___

5 Verbinde mit dem richtigen Schlüssel.

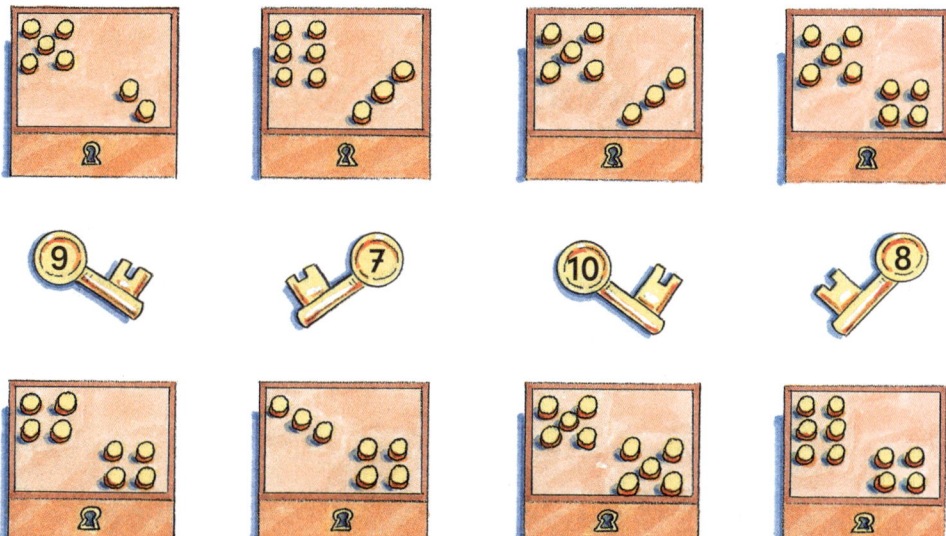

 6 Für Mathe-Super-Stars!

10

Zahlen blitzschnell erkannt

(1) Wie viele sind es?

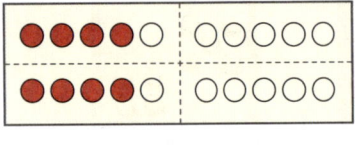   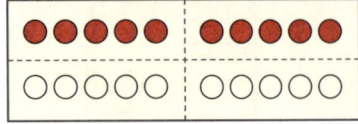

8   ___   ___

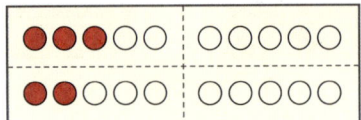   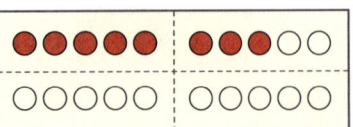

___   ___   ___

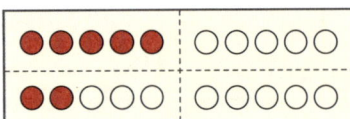   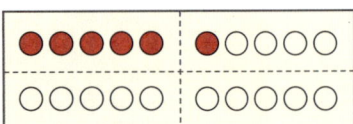

___   ___   ___

___   ___   ___

(2) Wie viele sind versteckt?

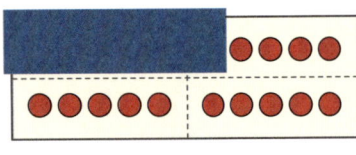   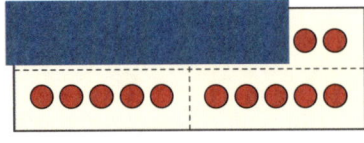   

6   ___   ___

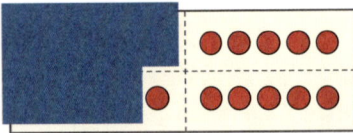   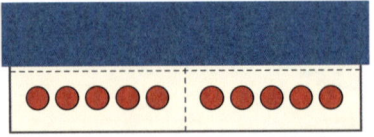   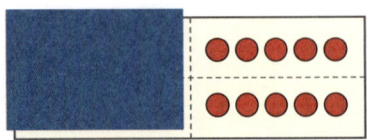

___   ___   ___

3 Kreise farbig ein.

 4 Mehr als 10.
Wie viele sind es?

Für Mathe-Super-
Stars!

14 15 20 16 12 13

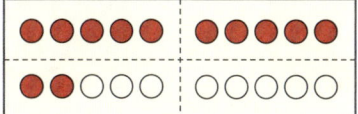

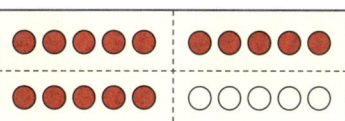

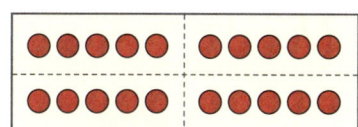

_____   _____   _____

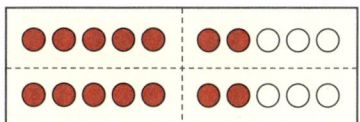

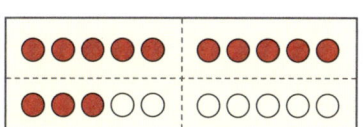

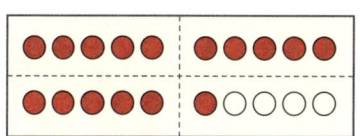

_____   _____   _____

9

Zahlen zerlegen

Immer 7.
4+3

7

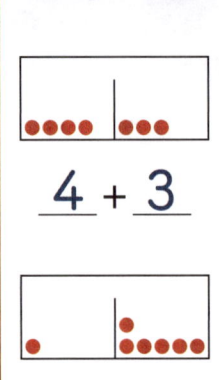

4 + 3

____ + ____

____ + ____

5 + ____

8

4 + ____

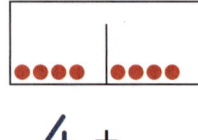

____ + ____

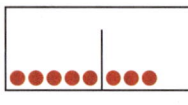

____ + ____

2 + ____

9

5 + ____

____ + ____

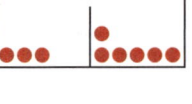

____ + ____

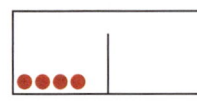

1 + ____

2 Immer 5.

5

2 + ____

4 + ____

1 + ____

3 + ____

4

3 + ____

____ + 2

____ + 3

0 + ____

6

2 + ____

4 + ____

____ + 1

____ + 3

10

 APP Schüttelbox

3

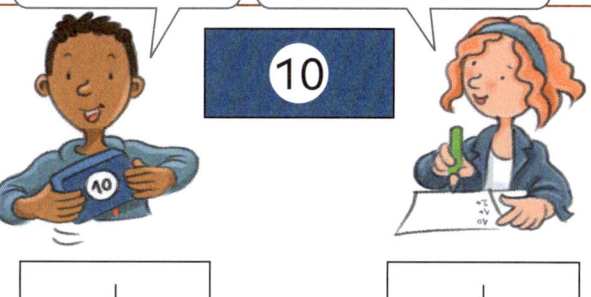

Ich schüttle. Ich schreibe auf.

10

___ + ___   ___ + ___

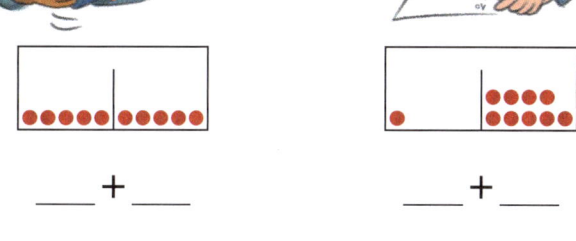

___ + ___   9 + ___

2 + ___   ___ + 3

___ + 4   ___ + 8

4

10

0 + ___
1 + ___
2 + ___
3 + ___
___ + ___
___ + ___
___ + ___
___ + ___
___ + ___
___ + ___
___ + ___
___ + ___

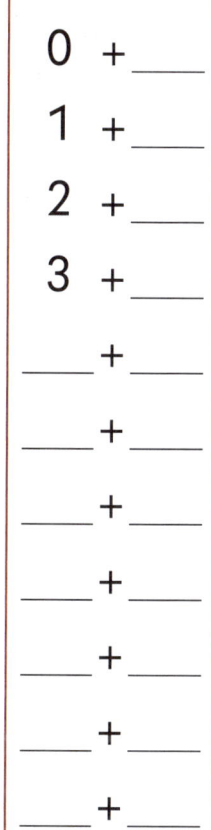

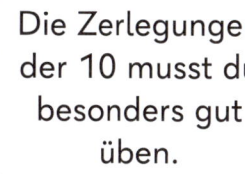

Die Zerlegungen der 10 musst du besonders gut üben.

5

9   **8**   **7**

6 + ___   6 + ___   1 + ___
0 + ___   1 + ___   3 + ___
___ + 2   ___ + 5   ___ + 0
___ + 5   ___ + 0   5 + ___

Größer – kleiner – gleich

1 Vergleiche die Türme: > < =

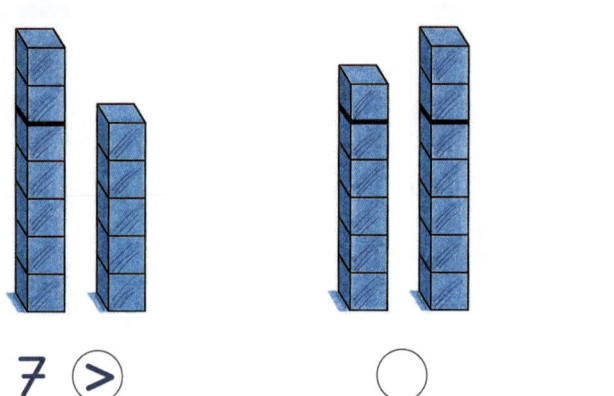

7 ⊙ __   __ ○ __   __ ○ __   __ ○ __

2 Zeichne die Türme fertig. Setze ein: > < =

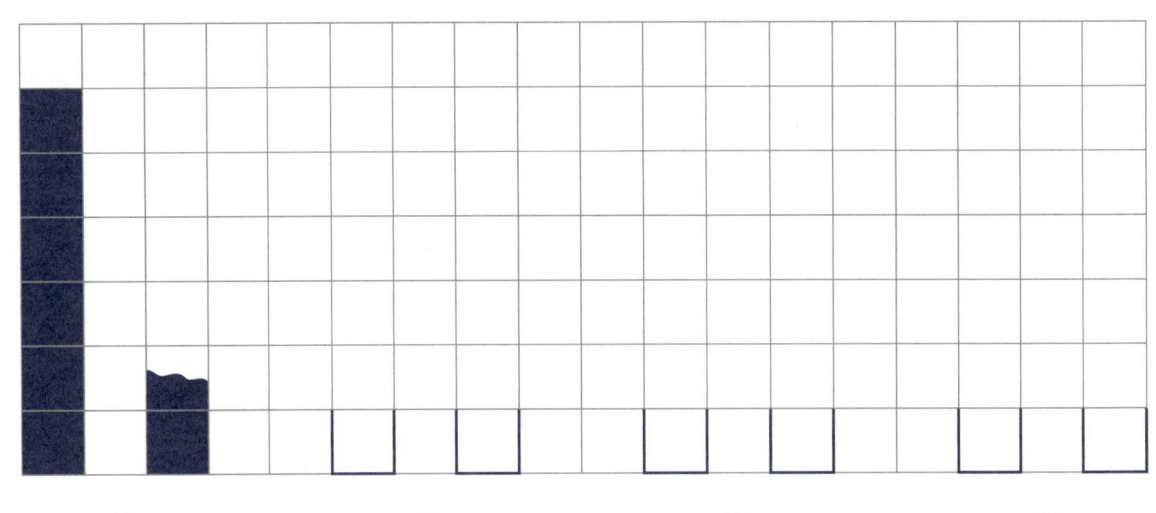

6 ○ 4   3 ○ 5   1 ○ 6   4 ○ 4

3 Vergleiche: > < =

4 ⊙ 7   2 ○ 8   8 ○ 7

6 ○ 3   7 ○ 7   8 ○ 9

9 ○ 1   3 ○ 9   9 ○ 6

0 ○ 10   9 ○ 5   10 ○ 0

APP Video

4 Welche Zahlen passen? Male sie an.

? < 7

| 3 | 8 | 6 | 2 |

? < 9

| 10 | 8 | 6 | 1 |

? > 5

| 3 | 2 | 8 | 6 |

? = 8

| 6 | 10 | 9 | 8 |

? < 4

| 3 | 0 | 2 | 1 |

? > 6

| 7 | 5 | 6 | 9 |

5 Male alle passenden Felder aus.   ? > 3

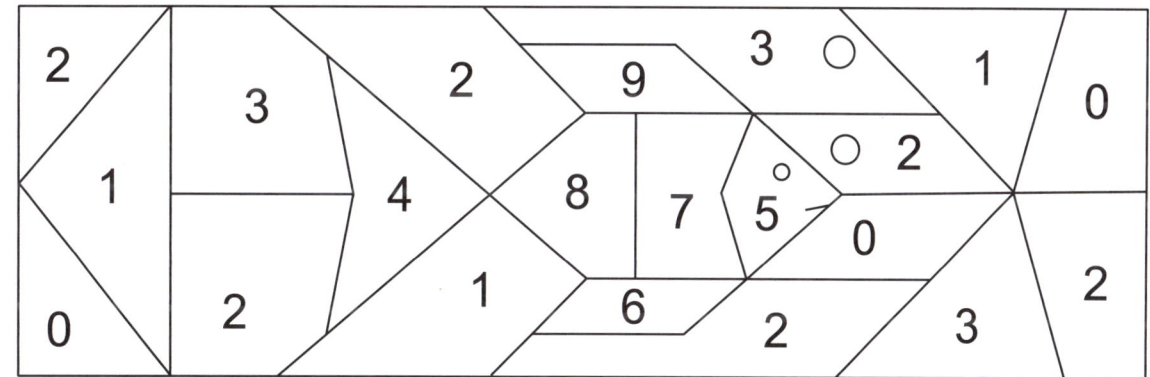

6 Welche Zahlen passen?
Male sie an.

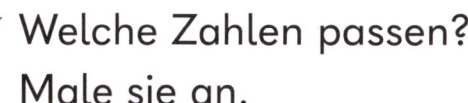

Für Mathe-Super-Stars!

4 < ? < 9

| 0 | 1 | 2 | 3 | 4 | 5 | 6 | 7 | 8 | 9 | 10 |

Ein Familienfoto

1 Kreuze an ☒.

<table>
<tr><td></td><td></td><td>☐ vor</td><td></td><td></td><td></td></tr>
<tr><td></td><td>steht</td><td>☐ hinter</td><td></td><td>und</td><td></td></tr>
<tr><td></td><td></td><td>☐ zwischen</td><td></td><td></td><td></td></tr>
</table>

<table>
<tr><td></td><td></td><td>☐ vor</td><td></td></tr>
<tr><td></td><td>stehen</td><td>☐ hinter</td><td></td></tr>
<tr><td></td><td></td><td>☐ neben</td><td></td></tr>
</table>

<table>
<tr><td></td><td></td><td>☐ vor</td><td></td></tr>
<tr><td></td><td>stehen</td><td>☐ hinter</td><td></td></tr>
<tr><td></td><td></td><td>☐ neben</td><td></td></tr>
</table>

2

<table>
<tr><td></td><td>sehe ich</td><td>☐ rechts</td><td>von</td><td></td></tr>
<tr><td></td><td></td><td>☐ links</td><td></td><td></td></tr>
</table>

<table>
<tr><td></td><td>sehe ich</td><td>☐ rechts</td><td>von</td><td></td></tr>
<tr><td></td><td></td><td>☐ links</td><td></td><td></td></tr>
</table>

Muster

Setze fort.

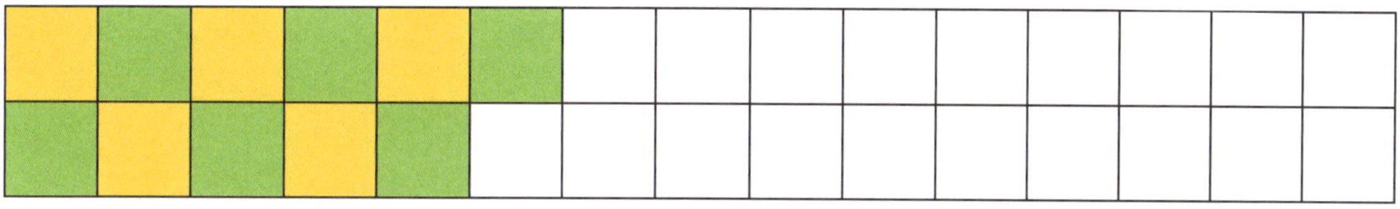

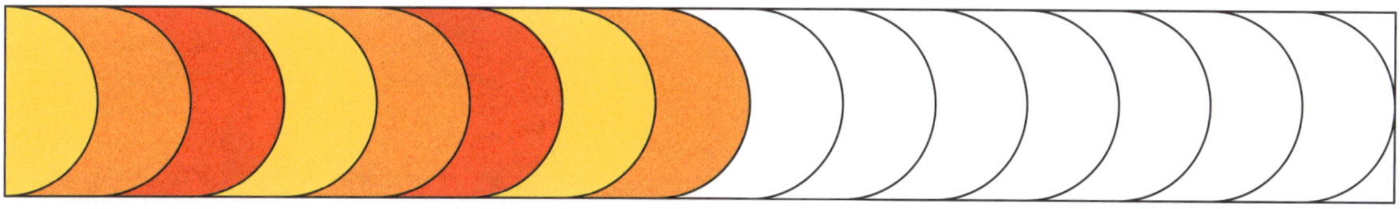

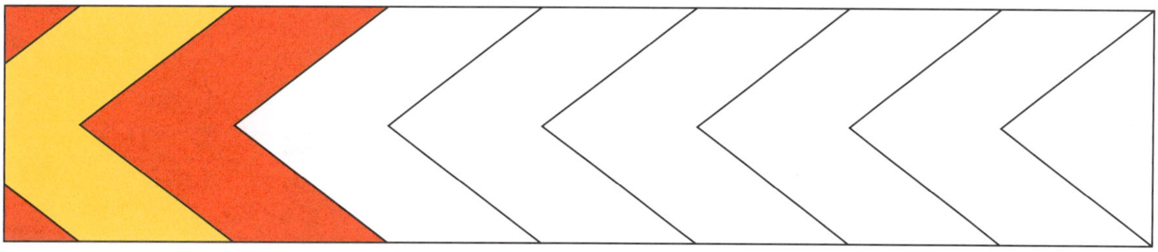

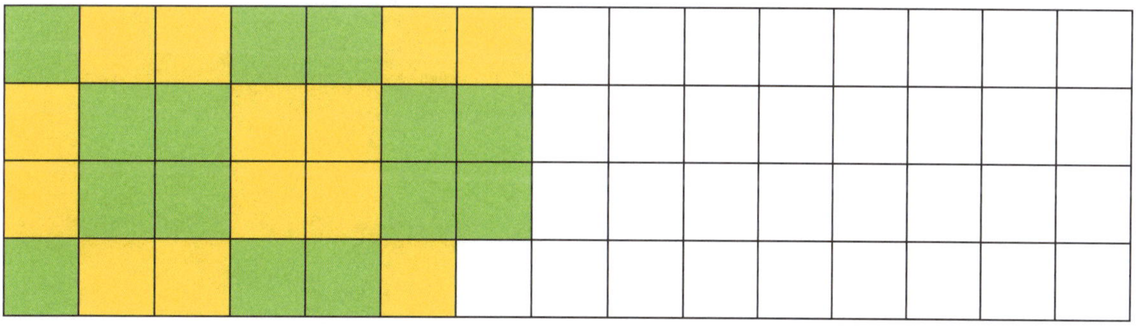

Original und Fälschung

Kreise im unteren Bild die 6 Fehler ein.

Stars-Check: Countdown 10, 9, 8, 7, 6, 5, ...

(4) Wie viele sind es?

Check dein Wissen!

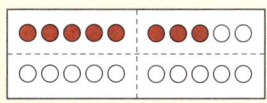

____   ____   ____

(3) Zahlen zerlegen

 **7**    **10**    **9**

3 +___	6 +___	5 +___
1 +___	___+ 3	___+ 1
___+ 5	2 +___	3 +___
___+ 7	___+ 1	___+ 7

(2) Vergleiche:

7 **>** 5   6 ◯ 9   3 ◯ 8

2 ◯ 2   1 ◯ 10   4 ◯ 3

(1) Setze fort.

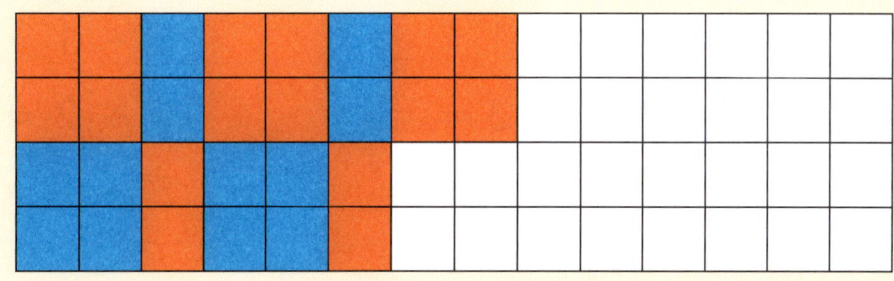

(0) Auf zu neuen Abenteuern!

Plusaufgaben

(1) Wie heißen die Rechnungen?

a)

$3 + \underline{} = \underline{}$ 　　　 $\underline{} + \underline{} = \underline{}$ 　　　 $\underline{} + \underline{} = \underline{}$

b)

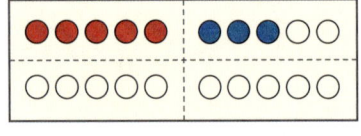 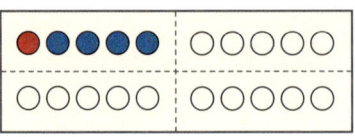 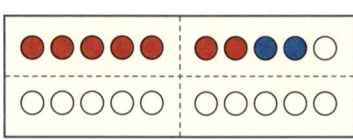

$5 + \underline{} = \underline{}$ 　　　 $\underline{} + \underline{} = \underline{}$ 　　　 $\underline{} + \underline{} = \underline{}$

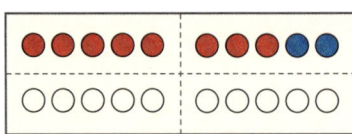

$\underline{} + \underline{} = \underline{}$ 　　　 $\underline{} + \underline{} = \underline{}$ 　　　 $\underline{} + 0 = \underline{}$

(2)

$2 + 3 = \underline{}$ 　　　 $3 + 1 = \underline{}$ 　　　 $5 + 1 = \underline{}$

$2 + 4 = \underline{}$ 　　　 $3 + 2 = \underline{}$ 　　　 $5 + 2 = \underline{}$

$2 + 5 = \underline{}$ 　　　 $3 + \underline{} = \underline{}$ 　　　 $5 + \underline{} = \underline{}$

$2 + \underline{} = \underline{}$ 　　　 $3 + \underline{} = \underline{}$ 　　　 $\underline{} + \underline{} = \underline{}$

$2 + \underline{} = \underline{}$ 　　　 $3 + \underline{} = \underline{}$ 　　　 $\underline{} + \underline{} = 10$

APP Video
20er-Feld

3 Male und rechne.

a)
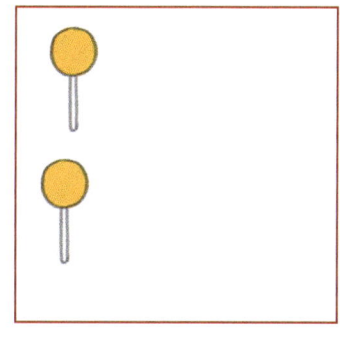  

2 + 4 = ___   6 + 3 = ___   3 + 5 = ___

b)

| ○○○○○ ○○○○○ |
| ○○○○○ ○○○○○ |

4 + 2 = ___

| ○○○○○ ○○○○○ |
| ○○○○○ ○○○○○ |

3 + 6 = ___

| ○○○○○ ○○○○○ |
| ○○○○○ ○○○○○ |

5 + 4 = ___

| ○○○○○ ○○○○○ |
| ○○○○○ ○○○○○ |

2 + 6 = ___

| ○○○○○ ○○○○○ |
| ○○○○○ ○○○○○ |

9 + 1 = ___

| ○○○○○ ○○○○○ |
| ○○○○○ ○○○○○ |

7 + 2 = ___

4

4 + 0 = ___   1 + 1 = ___   6 + 3 = ___

4 + 2 = ___   1 + 0 = ___   6 + 4 = ___

4 + 4 = ___   1 + 4 = ___   6 + 0 = ___

4 + 6 = ___   1 + 8 = ___   6 + 1 = ___

4 + 5 = ___   1 + 7 = ___   6 + 2 = ___

APP Video
20er-Feld

Tauschaufgaben

(1) Schreibe immer 2 Aufgaben.

⚃ 3 + 2 = ____	⚅ 6 + 4 = ____	⚀ 1 + ___ = ___
⚁ 2 + 3 = ____	⚄ 4 + 6 = ____	⚄ 5 + ___ = ___

⚁ ___ + ___ = ___	⚀ ___ + ___ = ___	⚄ ___ + ___ = ___
⚂ ___ + ___ = ___	⚀ ___ + ___ = ___	⚁ ___ + ___ = ___

(2) Rechne und schreibe die Tauschaufgabe.

2 + 5 = ____   6 + 4 = ____   3 + 6 = ____

5 + 2 = ____   4 + ___ = ____   ___ + ___ = ___

7 + 1 = ____   4 + 2 = ____   5 + 0 = ____

_____   _____   _____

1 + 8 = ____   4 + 5 = ____   0 + 9 = ____

_____   _____   _____

 (3) Für Mathe-Super-Stars!

Findest du alle Aufgaben?

3 + 1 + 5 = ____   ⚂   ___ + ___ + ___ = ___

1 + 3 + 5 = ____   ⚀   ___ + ___ + ___ = ___

___ + ___ + ___ = ___   ⚄   ___ + ___ + ___ = ___

APP Video

Rechentürme ⊕

1 Ergänze, was fehlt.

Turm +4

0 + 4 = ___
1 + 4 = ___
2 + 4 = ___
3 + 4 = ___
4 + 4 = ___
5 + ___ = ___
6 + ___ = ___

Turm +5

0 + 5 = ___
1 + 5 = ___
2 + ___ = ___
3 + ___ = ___
___ + ___ = ___
___ + ___ = ___

Turm +6

0 + 6 = ___
1 + ___ = ___
___ + ___ = ___
___ + ___ = ___
___ + ___ = ___

Turm +7

0 + 7 = ___
___ + ___ = ___
___ + ___ = ___
___ + ___ = ___

Welcher Turm käme rechts von Turm +7?

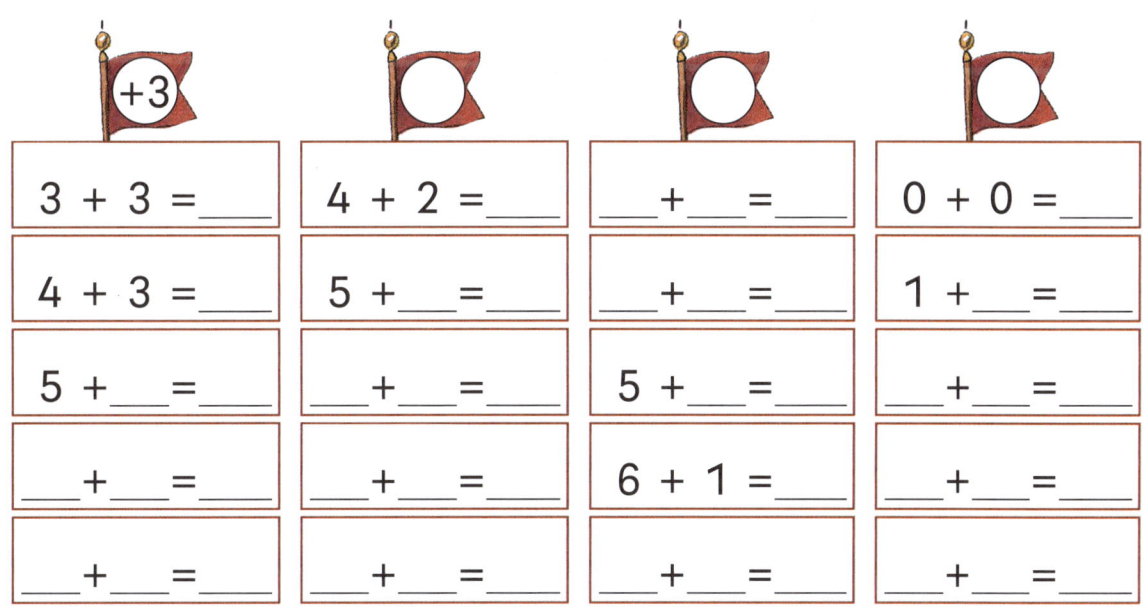

2 Ausschnitte aus anderen Türmen

Turm +3

3 + 3 = ___
4 + 3 = ___
5 + ___ = ___
___ + ___ = ___
___ + ___ = ___

4 + 2 = ___
5 + ___ = ___
___ + ___ = ___
___ + ___ = ___
___ + ___ = ___

___ + ___ = ___
___ + ___ = ___
5 + ___ = ___
6 + 1 = ___
___ + ___ = ___

0 + 0 = ___
1 + ___ = ___
___ + ___ = ___
___ + ___ = ___
___ + ___ = ___

Minusaufgaben

(1) Wie heißen die Rechnungen?

a)

8 – ___ = ___   ___ – ___ = ___   ___ – ___ = ___

b)

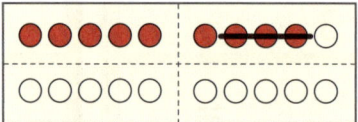

6 – ___ = ___   ___ – ___ = ___   ___ – ___ = ___

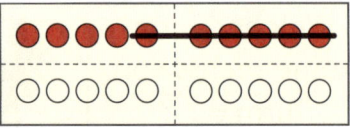
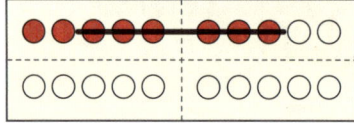
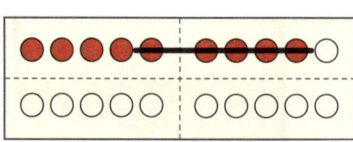

___ – ___ = ___   ___ – ___ = ___   ___ – ___ = ___

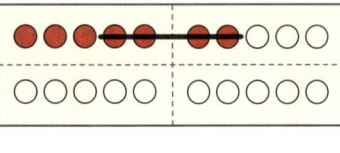
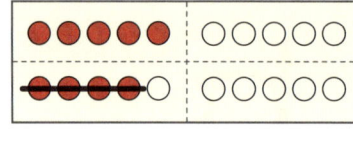

___ – ___ = ___   ___ – ___ = ___   ___ – ___ = ___

(2)

9 – 2 = ___	7 – 7 = ___	5 – 0 = ___
9 – 3 = ___	7 – 6 = ___	5 – 1 = ___
9 – 4 = ___	7 – ___ = 2	5 – ___ = ___
9 – ___ = ___	7 – ___ = ___	5 – ___ = ___

APP Video 20er-Feld

3 Wie heißen die Rechnungen?

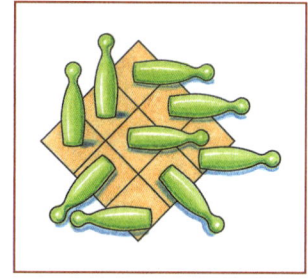      

9 – ___ = ___   ___ – ___ = ___   ___ – ___ = ___

4 Male und rechne.

○○○○○ ○○○○○
○○○○○ ○○○○○

○○○○○ ○○○○○
○○○○○ ○○○○○

○○○○○ ○○○○○
○○○○○ ○○○○○

5 – 2 = ___   10 – 7 = ___   7 – 5 = ___

○○○○○ ○○○○○
○○○○○ ○○○○○

○○○○○ ○○○○○
○○○○○ ○○○○○

○○○○○ ○○○○○
○○○○○ ○○○○○

6 – 1 = ___   9 – 6 = ___   9 – 0 = ___

5
8 – 7 = ___   6 – 5 = ___   10 – 6 = ___

8 – 5 = ___   6 – 2 = ___   10 – 9 = ___

8 – 3 = ___   6 – 6 = ___   10 – 7 = ___

8 – 1 = ___   6 – 4 = ___   10 – 4 = ___

8 – 0 = ___   6 – 3 = ___   10 – 5 = ___

Rechentürme −

① Ergänze, was fehlt.

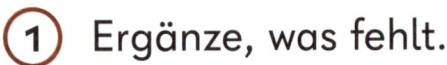

Tower 1 (flag −4):
4 − 4 = ___
5 − 4 = ___
6 − 4 = ___
7 − 4 = ___
8 − 4 = ___
9 − ___ = ___
10 − ___ = ___

Tower 2 (flag −5):
5 − 5 = ___
6 − 5 = ___
7 − ___ = ___
8 − ___ = ___
___ − ___ = ___
___ − ___ = ___

Tower 3 (flag −6):
6 − 6 = ___
7 − ___ = ___
___ − ___ = ___
___ − ___ = ___
___ − ___ = ___

Tower 4 (flag −7):
7 − 7 = ___
___ − ___ = ___
___ − ___ = ___
___ − ___ = ___

② Ausschnitte aus anderen Türmen

Tower (flag −8):
8 − 8 = ___
9 − 8 = ___
10 − ___ = ___

Tower 2:
3 − 2 = ___
4 − ___ = ___
___ − ___ = ___
___ − ___ = ___

Tower 3:
___ − ___ = ___
4 − 3 = ___
5 − ___ = ___
___ − ___ = ___
___ − ___ = ___

Tower 4:
___ − ___ = ___
___ − ___ = ___
___ − ___ = ___
9 − ___ = ___
10 − 1 = ___

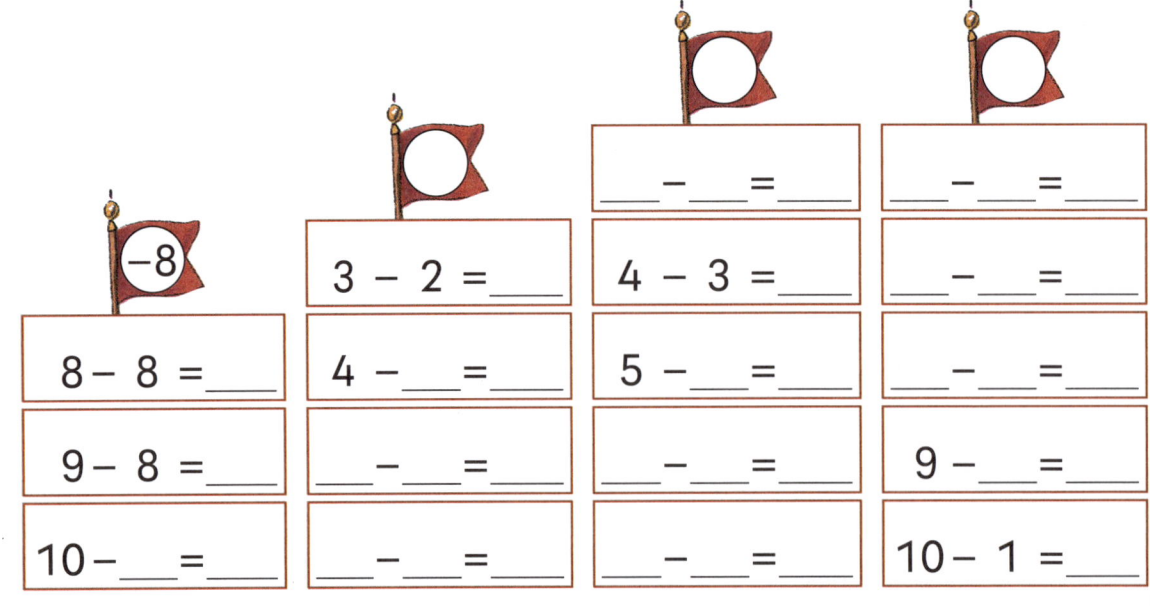

Vergleiche: > < =

1 Welcher Ball gehört in welchen Korb? Färbe.

 5 – 1

8 – 3   8 – 4   9 – 8   10 – 3   7 – 2

9 – 4   10 – 7   10 – 2   9 – 1   8 – 2

 < 5

 = 5

 > 5

2 Vergleiche: > < =

8 – 5 $\bigcirc$< 4   7 – 4 $\bigcirc$ 5   9 – 5 $\bigcirc$ 7
   3

6 – 3 $\bigcirc$ 3   5 – 2 $\bigcirc$ 3   6 – 2 $\bigcirc$ 1

9 – 2 $\bigcirc$ 5   8 – 1 $\bigcirc$ 7   7 – 5 $\bigcirc$ 0

10 – 6 $\bigcirc$ 2   4 – 3 $\bigcirc$ 2   3 – 3 $\bigcirc$ 0

3 Vergleiche: > < =

Für Mathe-Super-Stars!

8 – 3 $\bigcirc$ 6 + 1   4 + 2 $\bigcirc$ 10 – 3

2 + 5 $\bigcirc$ 9 – 2   7 – 4 $\bigcirc$ 8 – 6

Umkehraufgaben

1 Zaubere erst weg, dann wieder dazu.

Ich zaubere 3 Plättchen weg.

Ich zaubere die 3 Plättchen wieder dazu.

Das ist die Umkehraufgabe!

$8 - 3 = 5$

$5 + 3 = 8$

$8 - 2 = 6$
$6 + 2 = \_\_\_$

$8 - 5 = \_\_\_$
$\_\_\_ + 5 = \_\_\_$

$6 - 4 = \_\_\_$
$\_\_\_ + 4 = \_\_\_$

2 $5 - 2 = \_\_\_$
$\_\_\_ + 2 = \_\_\_$

$7 - 5 = \_\_\_$
$\_\_\_ + \_\_\_ = \_\_\_$

$8 - 1 = \_\_\_$
$\_\_\_ + \_\_\_ = \_\_\_$

3 Zaubere erst dazu, dann wieder weg.

$5 + 2 = \_\_\_$
$\_\_\_ - 2 = \_\_\_$

$4 + 5 = \_\_\_$
$\_\_\_ - 5 = \_\_\_$

$2 + 3 = \_\_\_$
$\_\_\_ - 3 = \_\_\_$

$4 + 1 = \_\_\_$
$\_\_\_ - \_\_\_ = \_\_\_$

$5 + 3 = \_\_\_$
$\_\_\_ - \_\_\_ = \_\_\_$

$3 + 4 = \_\_\_$
$\_\_\_ - \_\_\_ = \_\_\_$

4 Rechne. Verbinde Umkehraufgaben.

| $8 - 3 = \_\_\_$ | $4 - 3 = \_\_\_$ | $9 - 5 = \_\_\_$ | $6 - 5 = \_\_\_$ |

| $1 + 3 = \_\_\_$ | $4 + 5 = \_\_\_$ | $5 + 3 = \_\_\_$ | $1 + 5 = \_\_\_$ |

APP Video

3 Zahlen – 4 Aufgaben

(1) Finde zu den Zahlen auf den Karten alle 4 Aufgaben.

| 5 | 2 | 7 |

$5 + 2 = 7$
$2 + 5 = 7$
$7 - 2 = 5$
$7 - 5 = \underline{}$

| 1 | 7 | 8 |

$1 + 7 = \underline{}$
$7 + 1 = \underline{}$
$8 - 1 = \underline{}$
$8 - \underline{} = \underline{}$

| 6 | 3 | 9 |

$6 + 3 = \underline{}$
$3 + \underline{} = \underline{}$
$9 - 3 = \underline{}$
$9 - \underline{} = \underline{}$

| 4 | 7 | 3 |

$4 + 3 = \underline{}$
$3 + \underline{} = \underline{}$
$7 - 3 = \underline{}$
$7 - \underline{} = \underline{}$

| 2 | 10 | 8 |

$2 + \underline{} = \underline{}$
$8 + \underline{} = \underline{}$
$10 - 8 = \underline{}$
$\underline{} - \underline{} = \underline{}$

| 9 | 4 | 5 |

$4 + \underline{} = \underline{}$
$\underline{} + \underline{} = \underline{}$
$9 - \underline{} = \underline{}$
$\underline{} - \underline{} = \underline{}$

 (2) Für Mathe-Super-Stars: Welche Zahl fehlt?

| 2 | ? | 6 |

$\underline{} + \underline{} = \underline{}$
$\underline{} + \underline{} = \underline{}$
$\underline{} - \underline{} = \underline{}$
$\underline{} - \underline{} = \underline{}$

$\underline{} + \underline{} = \underline{}$
$\underline{} + \underline{} = \underline{}$
$\underline{} - \underline{} = \underline{}$
$\underline{} - \underline{} = \underline{}$

Achtung: Hier gibt es 2 Möglichkeiten!

Welche Rechnung passt?

1 Erzähle.
Verbinde Rechnung und Bild.
Rechne.

5 + 2 =____

8 − 3 =____

7 − 3 =____

2 + 4 =____

5 + 3 =____

5 − 3 =____

5 − 1 =____

6 + 3 =____

Denke dir selbst Rechengeschichten aus. Male Bilder und schreibe die Rechnungen auf.

Mit dem Euro knobeln und rechnen

① Wie viel Geld ist es?

   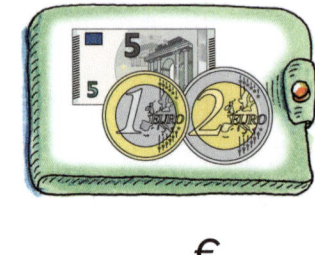   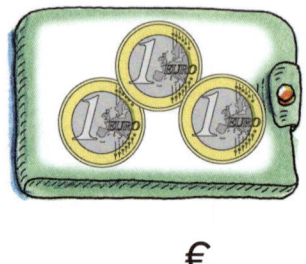

_____ €   _____ €   _____ €

② Ergänze auf 10 €.

5 € + ___ € = 10 €   ___ € + ___ € = 10 €   ___ € + ___ € = 10 €

③ Wechsle.

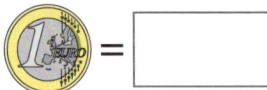

④ In welche Münzen wurde gewechselt?

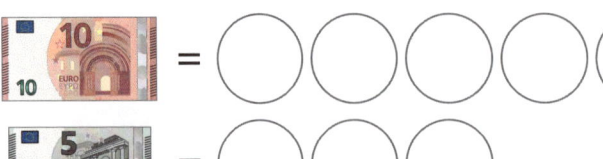

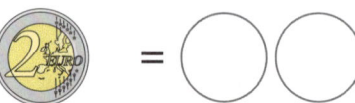

5 Vergleiche: > < =

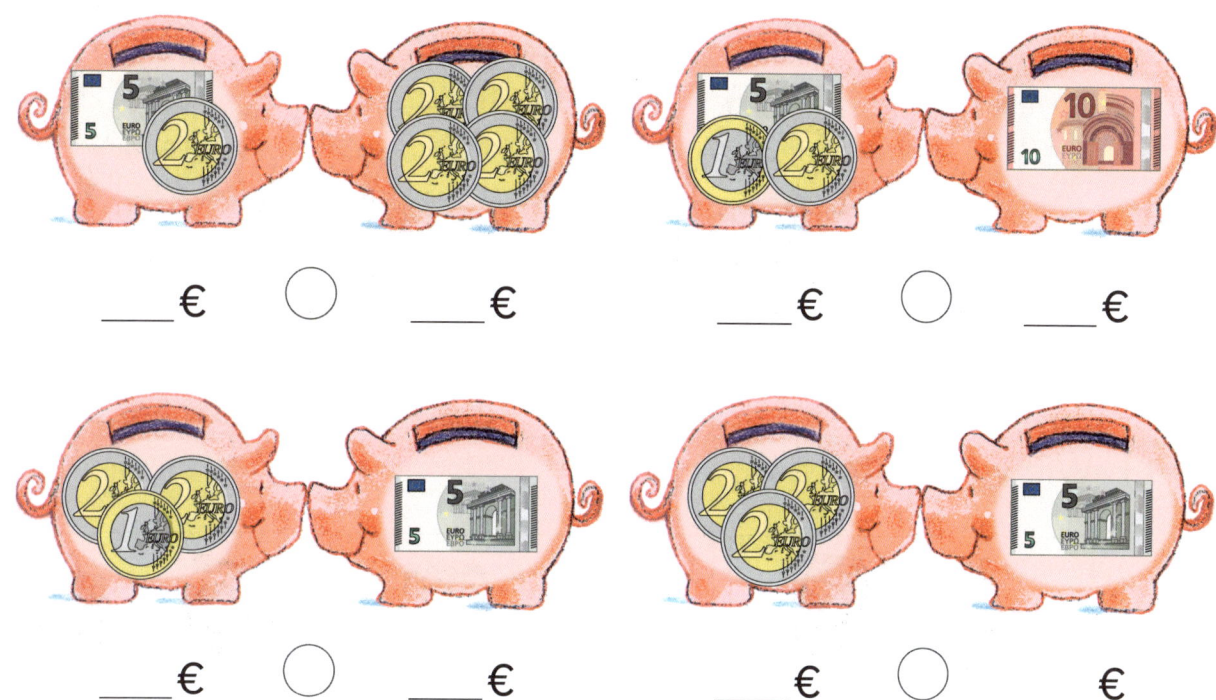

_____ € ◯ _____ €

_____ € ◯ _____ €

_____ € ◯ _____ €

_____ € ◯ _____ €

6 Rechne.

2 € + 3 € = _____ €

5 € + 4 € = _____ €

4 € + 2 € = _____ €

8 € + 1 € = _____ €

10 € – 5 € = _____ €

5 € – 2 € = _____ €

6 € – 3 € = _____ €

8 € – 7 € = _____ €

7 4 € + 3 € + 2 € + 1 € = _____ €

5 € + 2 € + 1 € + 2 € = _____ €

1 € + 3 € + 5 € = _____ €

4 € + 2 € + 2 € = _____ €

Auf dem Zauberer-Flohmarkt

1 Wie viel kostet es?

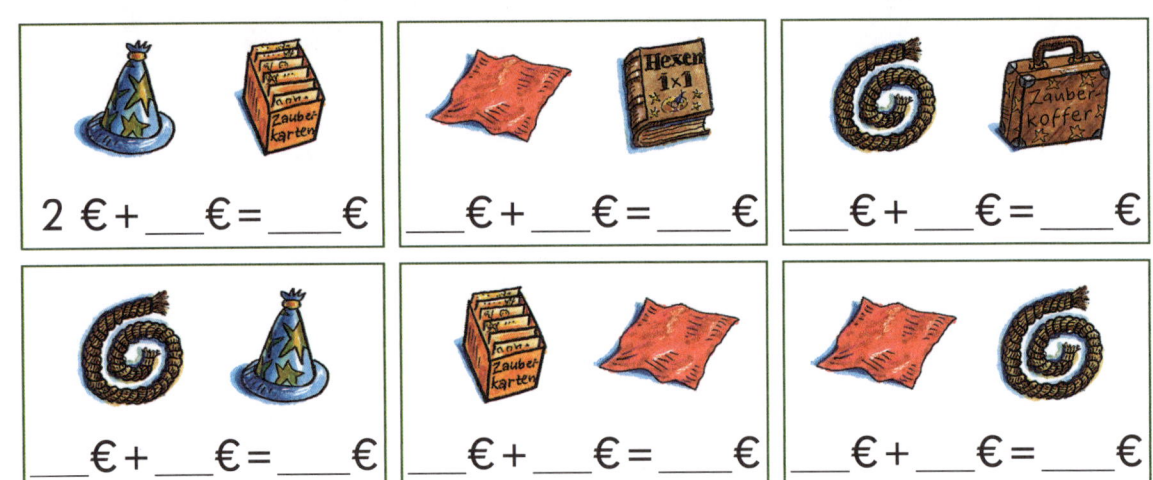

2 € + ___ € = ___ €

___ € + ___ € = ___ €

___ € + ___ € = ___ €

___ € + ___ € = ___ €

___ € + ___ € = ___ €

___ € + ___ € = ___ €

2 Was kostet zusammen 6 €? Kreuze an. ☒

□ (Zaubermütze, rotes Tuch, rotes Tuch)

□ (Schlange, Zauberkarten)

□ (Zauberkarten, Zaubermütze)

3 Was kostet zusammen 7 €? Kreuze an. ☒

□ (Hexen 1x1, rotes Tuch)

□ (Zauberkarten, Zaubermütze, rotes Tuch)

□ (Schlange, Schlange)

APP Video

4 Wie viel bekommst du zurück?

Ich kaufe	Ich gebe	Rückgeld
8 €		10 € – 8 € = ___ €
_____		_____
_____		_____
_____		_____

5 Lena kauft die . Sie bezahlt mit .

Wie viel bekommt sie zurück?

Rechnung: _____

Sie bekommt _____ zurück.

6 Kaufe mehrere Dinge.

Ich kaufe	Ich gebe	Rückgeld
7 € + 2 € = ___ €		10 € – 9 € = ___ €
_____		_____
_____		_____

Welches Bild passt?

Verbinde die Rechnung mit dem passenden Bild.

①

$$5 + 5 = \underline{}$$

②

$$6 - 1 = \underline{}$$

3
$$4 + 4 = \text{\_\_\_}$$

4
$$8 - 2 = \text{\_\_\_}$$

Für Mathe-Super-Stars!

5 Schreibe für jedes übrige Bild die passende Rechnung.

1 _____

2 _____

3 _____

4 _____

35

Vorher – nachher

3   ⟶   5

(1) Zaubere in der gleichen Maschine.

+2	
3	5
4	
6	
2	

+2	
7	
1	
8	
5	

(2) Zaubere in anderen Maschinen.

+3	
2	
5	
7	
3	

−4	
10	
4	
8	
7	

(3) Wie heißt die Vorschrift?

◯	
3	4
8	
	10
1	

◯	
9	2
8	
	0
	3

◯	
4	10
3	
	6
2	

◯	
5	5
	8
3	
	0

...gen zu allen Aufgaben.

...u deine Ergebnisse
...rbessern.

...en und zu Hause oder in

...hen möchtest, brauchst du
... Anleitung am Anfang des
...tern, deinem Lehrer oder

Zählen und aufschreiben

① Wie viele sind es?

🍌	┼┼┼┼ I	6
🥬	III	3
🎃	II	2
🍅	┼┼┼┼ II	7
🍐	┼┼┼┼	5
🍆	I	1

🛍️	IIII	4
🥕	┼┼┼┼ III	8
🍅	┼┼┼┼ ┼┼┼┼	10
🧅	┼┼┼┼ ┼┼┼┼ I	11
🥚	┼┼┼┼ IIII	9
🍍		0

| 0 | 1 | 2 | 3 | 4 | 5 | 6 | 7 | 8 | 9 | 10 |

APP Video

---

② Male und schreibe.

1	2
1	2
1	2
1	2
1	2
1	2

Balloons: 5 · 4 · 7 · 10 · 8 · 3 · 2 · 9 · 6

3	3	3	3	3	3	3	3	3
4	4	4	4	4	4	4	4	4
5	5	5	5	5	5	5	5	5
6	6	6	6	6	6	6	6	6
7	7	7	7	7	7	7	7	7
8	8	8	8	8	8	8	8	8
9	9	9	9	9	9	9	9	9

| 10 | 9 | 8 | 7 | 6 | 5 | 4 | 3 | 2 | 1 | 0 |

Im Regal

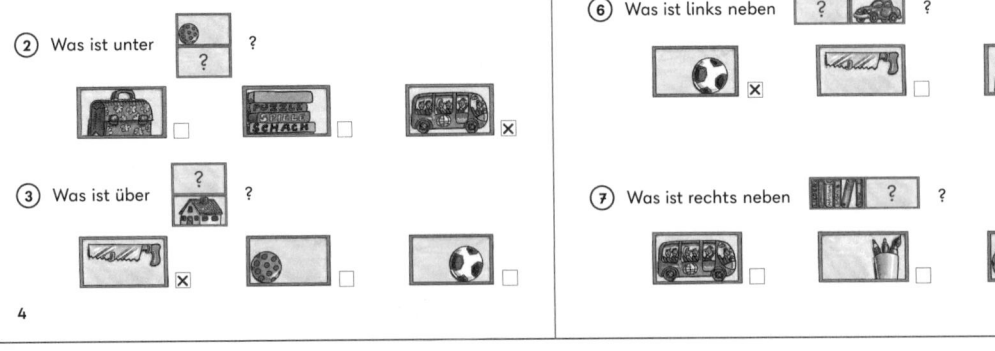

Kreuze an ☒.

① Was ist unter 🐷 ?

☐ ☒ ☐

② Was ist unter 📕 ?

☐ ☐ ☒

③ Was ist über 🏠 ?

☒ ☐ ☐

④ Was ist über 🚌 ?

☐ ☐ ☒

⑤ Was ist zwischen 🏠 ? 🚗 ?

☐ ☒ ☐

⑥ Was ist links neben ? 🚗 ?

☒ ☐ ☐

⑦ Was ist rechts neben 📚 ? ?

☐ ☐ ☒

Auf einen Blick

①

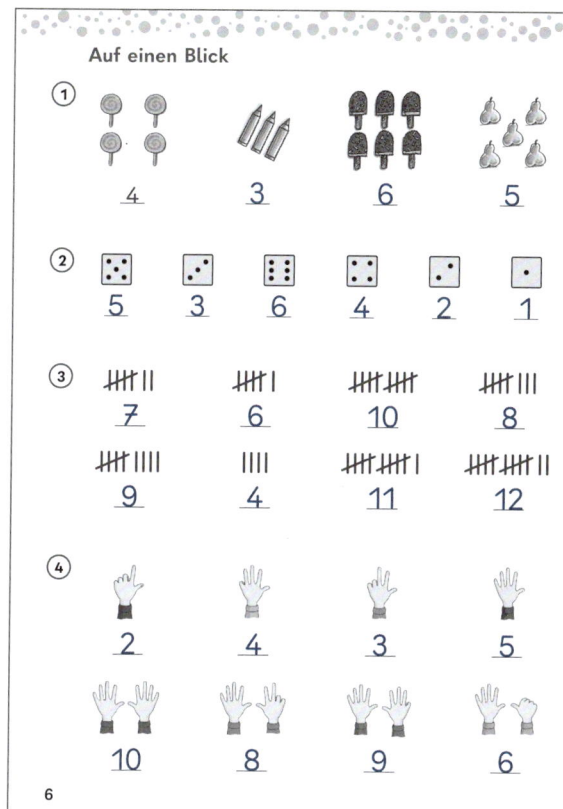

4   3   6   5

②

5   3   6   4   2   1

③

7   6   10   8

9   4   11   12

④

2   4   3   5

10   8   9   6

⑤ Verbinde mit dem richtigen Schlüssel.

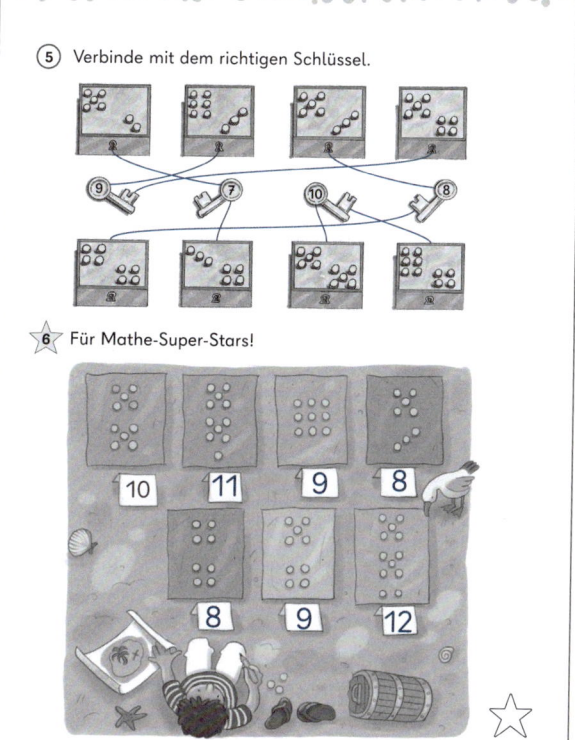

9   7   10   8

⑥ Für Mathe-Super-Stars!

10   11   9   8

8   9   12

6

7

Zahlen blitzschnell erkannt

① Wie viele sind es?

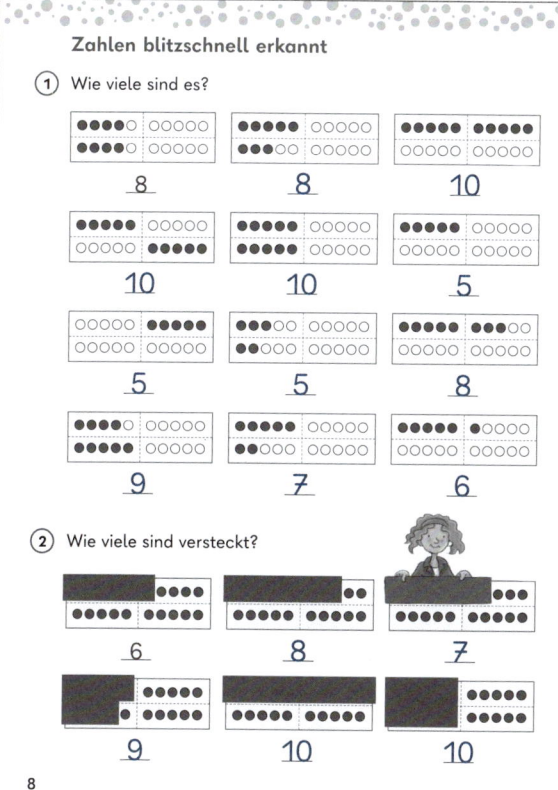

8   8   10

10   10   5

5   5   8

9   7   6

② Wie viele sind versteckt?

6   8   7

9   10   10

③ Kreise farbig ein.

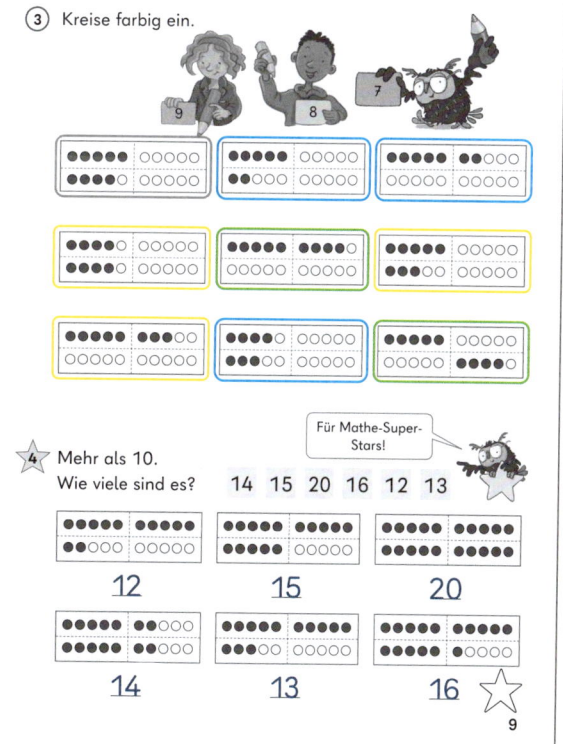

9   8   7

④ Mehr als 10.
Wie viele sind es?

Für Mathe-Super-Stars!

14 15 20 16 12 13

12   15   20

14   13   16

8

9

Zahlen zerlegen

① Immer 7. 4+3

7

4 + 3
1 + 6
2 + 5
5 + 2

8

4 + 4
5 + 3
7 + 1
2 + 6

9

5 + 4
3 + 6
4 + 5
1 + 8

② Immer 5.

5
2 + 3
4 + 1
1 + 4
3 + 2

4
3 + 1
2 + 2
1 + 3
0 + 4

6
2 + 4
4 + 2
5 + 1
3 + 3

10

APP Schüttelbox

③ Ich schüttle. Ich schreibe auf.

10

5 + 5
4 + 6
2 + 8
6 + 4

1 + 9
9 + 1
7 + 3
2 + 8

APP Schüttelbox

④

10

0 + 10
1 + 9
2 + 8
3 + 7
4 + 6
5 + 5
6 + 4
7 + 3
8 + 2
9 + 1
10 + 0

Die Zerlegungen der 10 musst du besonders gut üben.

⑤

9
6 + 3
0 + 9
7 + 2
4 + 5

8
6 + 2
1 + 7
3 + 5
8 + 0

7
1 + 6
3 + 4
7 + 0
5 + 2

11

Größer – kleiner – gleich

① Vergleiche die Türme: > < =

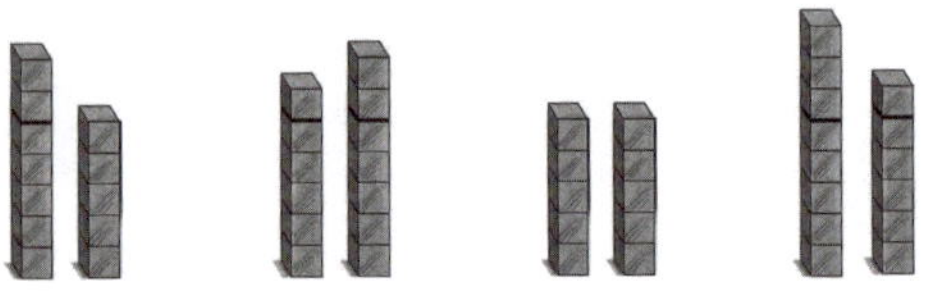

$7 > 5$ $6 < 7$ $5 = 5$ $8 > 6$

② Zeichne die Türme fertig. Setze ein: > < =

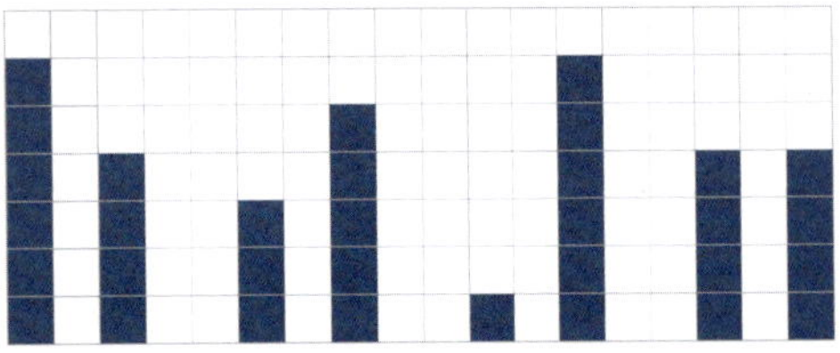

$6 > 4$ $3 < 5$ $1 < 6$ $4 = 4$

③ Vergleiche: > < =

$4 < 7$ $2 < 8$ $8 > 7$
$6 > 3$ $7 = 7$ $8 < 9$
$9 > 1$ $3 < 9$ $9 > 6$
$0 < 10$ $9 > 5$ $10 > 0$

> < =

APP Video

④ Welche Zahlen passen? Male sie an.

? < 7 : 3 8 6 2
? < 9 : 10 8 6 1
? > 5 : 3 2 8 6

? = 8 : 6 10 9 8
? < 4 : 3 0 2 1
? > 6 : 7 5 6 9

⑤ Male alle passenden Felder aus.   ? > 3

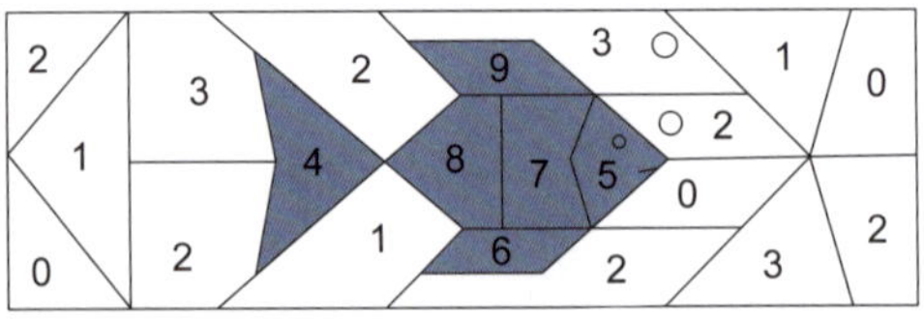

⑥ Welche Zahlen passen? Male sie an.

Für Mathe-Super-Stars!

4 < ? < 9

0 1 2 3 4 5 6 7 8 9 10

13

12

© 2025 Cornelsen Verlag GmbH, Berlin
Alle Rechte vorbehalten.

Ein Familienfoto

① Kreuze an ☒.

steht ☐ vor
☐ hinter
☒ zwischen und

stehen ☒ vor
☐ hinter
☐ neben

stehen ☐ vor
☒ hinter
☐ neben

② sehe ich ☒ rechts von
☐ links

sehe ich ☐ rechts von
☒ links

14

Muster

Setze fort.

15

Original und Fälschung

Kreise im unteren Bild die 6 Fehler ein.

16

Stars-Check: Countdown 10, 9, 8, 7, 6, 5, ...

... ④ Wie viele sind es?

Check dein Wissen!

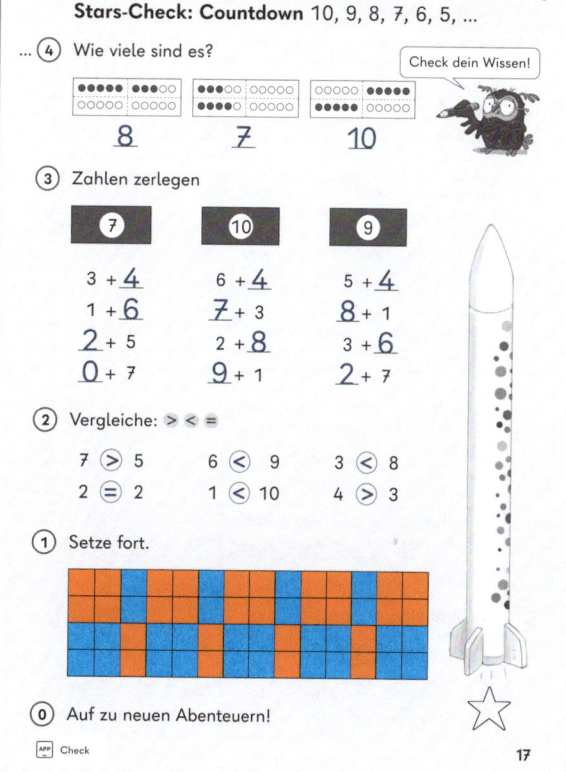

8   7   10

③ Zahlen zerlegen

7   **10**   **9**

3 + 4   6 + 4   5 + 4
1 + 6   7 + 3   8 + 1
2 + 5   2 + 8   3 + 6
0 + 7   9 + 1   2 + 7

② Vergleiche: > < =

7 > 5   6 < 9   3 < 8
2 = 2   1 < 10   4 > 3

① Setze fort.

⓪ Auf zu neuen Abenteuern!

APP Check

17

Plusaufgaben

(1) Wie heißen die Rechnungen?

a)

$3 + \underline{4} = \underline{7}$ $\underline{4} + \underline{4} = \underline{8}$ $\underline{5} + \underline{2} = \underline{7}$

b)

$5 + \underline{3} = \underline{8}$ $\underline{1} + \underline{4} = \underline{5}$ $\underline{7} + \underline{2} = \underline{9}$

$\underline{5} + \underline{1} = \underline{6}$ $\underline{8} + \underline{2} = \underline{10}$ $\underline{4} + 0 = \underline{4}$

(2)
$2 + 3 = \underline{5}$	$3 + 1 = \underline{4}$	$5 + 1 = \underline{6}$
$2 + 4 = \underline{6}$	$3 + 2 = \underline{5}$	$5 + 2 = \underline{7}$
$2 + 5 = \underline{7}$	$3 + \underline{3} = \underline{6}$	$5 + \underline{3} = \underline{8}$
$2 + \underline{6} = \underline{8}$	$3 + \underline{4} = \underline{7}$	$\underline{5} + \underline{4} = \underline{9}$
$2 + \underline{7} = \underline{9}$	$3 + \underline{5} = \underline{8}$	$\underline{5} + \underline{5} = 10$

18   APP Video 20er-Feld

(3) Male und rechne.

a)
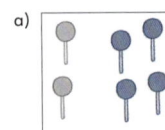  

$2 + 4 = \underline{6}$ $6 + 3 = \underline{9}$ $3 + 5 = \underline{8}$

b)

$4 + 2 = \underline{6}$ $3 + 6 = \underline{9}$ $5 + 4 = \underline{9}$

$2 + 6 = \underline{8}$ $9 + 1 = \underline{10}$ $7 + 2 = \underline{9}$

(4)
$4 + 0 = \underline{4}$	$1 + 1 = \underline{2}$	$6 + 3 = \underline{9}$
$4 + 2 = \underline{6}$	$1 + 0 = \underline{1}$	$6 + 4 = \underline{10}$
$4 + 4 = \underline{8}$	$1 + 4 = \underline{5}$	$6 + 0 = \underline{6}$
$4 + 6 = \underline{10}$	$1 + 8 = \underline{9}$	$6 + 1 = \underline{7}$
$4 + 5 = \underline{9}$	$1 + 7 = \underline{8}$	$6 + 2 = \underline{8}$

APP Video 20er-Feld   19

Tauschaufgaben

(1) Schreibe immer 2 Aufgaben.

$3 + 2 = \underline{5}$	$6 + 4 = \underline{10}$	$1 + \underline{5} = \underline{6}$
$2 + 3 = \underline{5}$	$4 + 6 = \underline{10}$	$5 + \underline{1} = \underline{6}$

$\underline{4} + \underline{3} = \underline{7}$	$\underline{2} + \underline{1} = \underline{3}$	$\underline{5} + \underline{4} = \underline{9}$
$\underline{3} + \underline{4} = \underline{7}$	$\underline{1} + \underline{2} = \underline{3}$	$\underline{4} + \underline{5} = \underline{9}$

(2) Rechne und schreibe die Tauschaufgabe.

$2 + 5 = \underline{7}$ $6 + 4 = \underline{10}$ $3 + 6 = \underline{9}$
$5 + 2 = \underline{7}$ $4 + \underline{6} = \underline{10}$ $\underline{6} + \underline{3} = \underline{9}$

$7 + 1 = \underline{8}$ $4 + 2 = \underline{6}$ $5 + 0 = \underline{5}$
$\underline{1} + \underline{7} = \underline{8}$ $\underline{2} + \underline{4} = \underline{6}$ $\underline{0} + \underline{5} = \underline{5}$

$1 + 8 = \underline{9}$ $4 + 5 = \underline{9}$ $0 + 9 = \underline{9}$
$\underline{8} + \underline{1} = \underline{9}$ $\underline{5} + \underline{4} = \underline{9}$ $\underline{9} + \underline{0} = \underline{9}$

⭐ Für Mathe-Super-Stars!

Findest du alle Aufgaben?

$3 + 1 + 5 = \underline{9}$ $\underline{3} + \underline{5} + \underline{1} = \underline{9}$
$1 + 3 + 5 = \underline{9}$ $\underline{1} + \underline{5} + \underline{3} = \underline{9}$
$\underline{5} + \underline{1} + \underline{3} = \underline{9}$ $\underline{5} + \underline{3} + \underline{1} = \underline{9}$

20   APP Video

Rechentürme ⊕

(1) Ergänze, was fehlt.

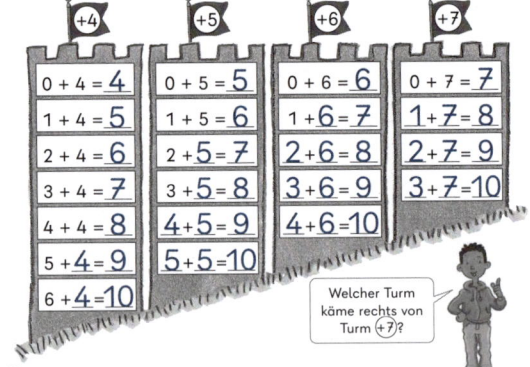

+4	+5	+6	+7
$0 + 4 = \underline{4}$	$0 + 5 = \underline{5}$	$0 + 6 = \underline{6}$	$0 + 7 = \underline{7}$
$1 + 4 = \underline{5}$	$1 + 5 = \underline{6}$	$1 + \underline{6} = \underline{7}$	$\underline{1} + \underline{7} = \underline{8}$
$2 + 4 = \underline{6}$	$2 + \underline{5} = \underline{7}$	$\underline{2} + \underline{6} = \underline{8}$	$\underline{2} + \underline{7} = \underline{9}$
$3 + 4 = \underline{7}$	$3 + \underline{5} = \underline{8}$	$\underline{3} + \underline{6} = \underline{9}$	$\underline{3} + \underline{7} = \underline{10}$
$4 + 4 = \underline{8}$	$\underline{4} + \underline{5} = \underline{9}$	$\underline{4} + \underline{6} = \underline{10}$	
$5 + \underline{4} = \underline{9}$	$\underline{5} + \underline{5} = \underline{10}$		
$6 + \underline{4} = \underline{10}$			

Welcher Turm käme rechts von Turm ⊕7?

(2) Ausschnitte aus anderen Türmen

+3	+2	+1	+0
$3 + 3 = \underline{6}$	$4 + 2 = \underline{6}$	$3 + 1 = \underline{4}$	$0 + 0 = \underline{0}$
$4 + 3 = \underline{7}$	$5 + \underline{2} = \underline{7}$	$4 + 1 = \underline{5}$	$1 + \underline{0} = \underline{1}$
$5 + \underline{3} = \underline{8}$	$6 + 2 = \underline{8}$	$5 + \underline{1} = \underline{6}$	$2 + \underline{0} = \underline{2}$
$\underline{6} + \underline{3} = \underline{9}$	$\underline{7} + \underline{2} = \underline{9}$	$6 + 1 = \underline{7}$	$\underline{3} + \underline{0} = \underline{3}$
$\underline{7} + \underline{3} = \underline{10}$	$\underline{8} + \underline{2} = \underline{10}$	$\underline{7} + \underline{1} = \underline{8}$	$\underline{4} + \underline{0} = \underline{4}$

21

Minusaufgaben

1 Wie heißen die Rechnungen?

a)

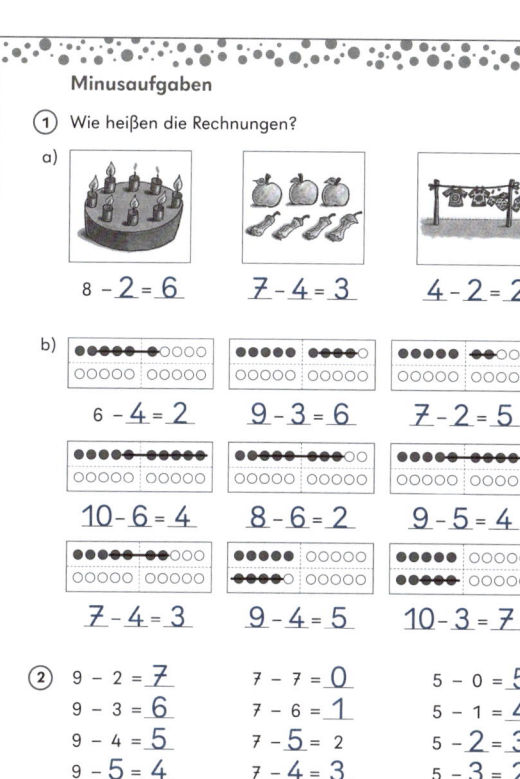

$8 - 2 = 6$ $7 - 4 = 3$ $4 - 2 = 2$

b)

$6 - 4 = 2$ $9 - 3 = 6$ $7 - 2 = 5$

$10 - 6 = 4$ $8 - 6 = 2$ $9 - 5 = 4$

$7 - 4 = 3$ $9 - 4 = 5$ $10 - 3 = 7$

2

$9 - 2 = 7$ $7 - 7 = 0$ $5 - 0 = 5$
$9 - 3 = 6$ $7 - 6 = 1$ $5 - 1 = 4$
$9 - 4 = 5$ $7 - 5 = 2$ $5 - 2 = 3$
$9 - 5 = 4$ $7 - 4 = 3$ $5 - 3 = 2$

© 2025 Cornelsen Verlag GmbH, Berlin
Alle Rechte vorbehalten.

APP Video 20er-Feld

3 Wie heißen die Rechnungen?

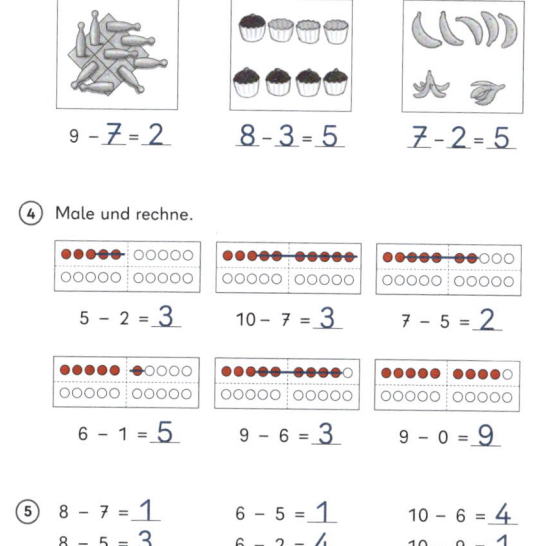

$9 - 7 = 2$ $8 - 3 = 5$ $7 - 2 = 5$

4 Male und rechne.

$5 - 2 = 3$ $10 - 7 = 3$ $7 - 5 = 2$

$6 - 1 = 5$ $9 - 6 = 3$ $9 - 0 = 9$

5

$8 - 7 = 1$ $6 - 5 = 1$ $10 - 6 = 4$
$8 - 5 = 3$ $6 - 2 = 4$ $10 - 9 = 1$
$8 - 3 = 5$ $6 - 6 = 0$ $10 - 7 = 3$
$8 - 1 = 7$ $6 - 4 = 2$ $10 - 4 = 6$
$8 - 0 = 8$ $6 - 3 = 3$ $10 - 5 = 5$

Rechentürme ⊖

1 Ergänze, was fehlt.

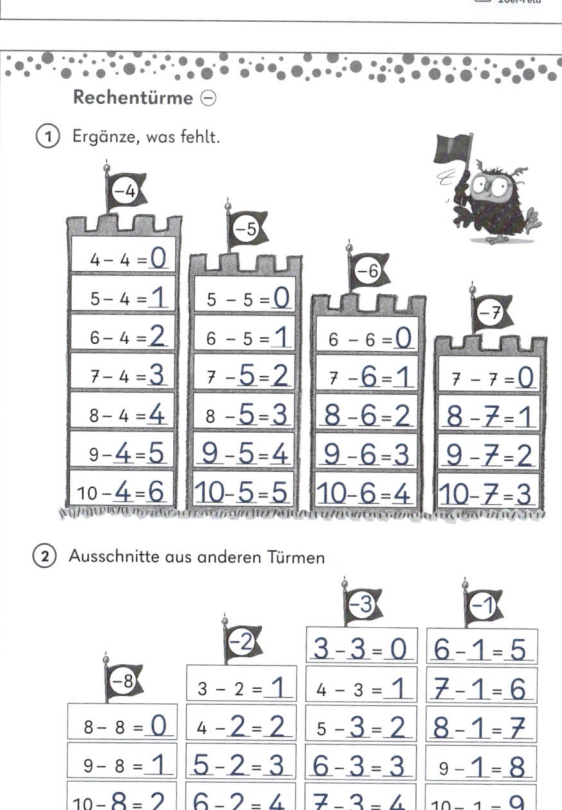

Turm −4:
$4 - 4 = 0$
$5 - 4 = 1$
$6 - 4 = 2$
$7 - 4 = 3$
$8 - 4 = 4$
$9 - 4 = 5$
$10 - 4 = 6$

Turm −5:
$5 - 5 = 0$
$6 - 5 = 1$
$7 - 5 = 2$
$8 - 5 = 3$
$9 - 5 = 4$
$10 - 5 = 5$

Turm −6:
$6 - 6 = 0$
$7 - 6 = 1$
$8 - 6 = 2$
$9 - 6 = 3$
$10 - 6 = 4$

Turm −7:
$7 - 7 = 0$
$8 - 7 = 1$
$9 - 7 = 2$
$10 - 7 = 3$

2 Ausschnitte aus anderen Türmen

Turm −8:
$8 - 8 = 0$
$9 - 8 = 1$
$10 - 8 = 2$

Turm −2:
$3 - 2 = 1$
$4 - 2 = 2$
$5 - 2 = 3$
$6 - 2 = 4$

Turm −3:
$3 - 3 = 0$
$4 - 3 = 1$
$5 - 3 = 2$
$6 - 3 = 3$
$7 - 3 = 4$

Turm −1:
$6 - 1 = 5$
$7 - 1 = 6$
$8 - 1 = 7$
$9 - 1 = 8$
$10 - 1 = 9$

Vergleiche: ⊜ ⊜ ⊜

1 Welcher Ball gehört in welchen Korb? Färbe.

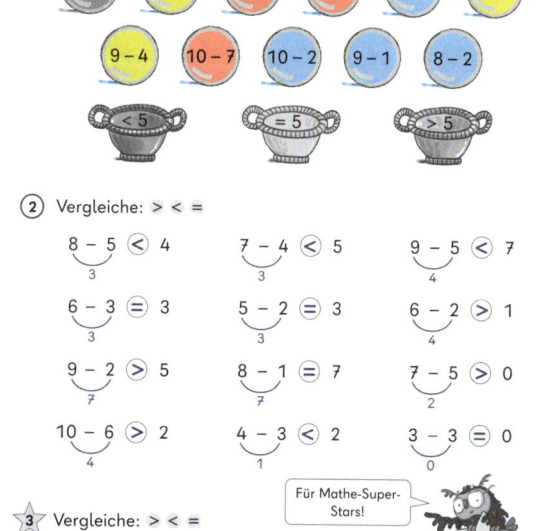

$5 - 1$ $8 - 3$ $8 - 4$ $9 - 8$ $10 - 3$ $7 - 2$

$9 - 4$ $10 - 7$ $10 - 2$ $9 - 1$ $8 - 2$

< 5 $= 5$ > 5

2 Vergleiche: > < =

$8 - 5 < 4$ $7 - 4 < 5$ $9 - 5 < 7$
  3   3   4

$6 - 3 = 3$ $5 - 2 = 3$ $6 - 2 > 1$
  3   3   4

$9 - 2 > 1$ $8 - 1 = 7$ $7 - 5 > 0$
  7   7   2

$10 - 6 > 2$ $4 - 3 < 2$ $3 - 3 = 0$
  4   1   0

3 Vergleiche: > < =

$8 - 3 < 6 + 1$ $4 + 2 < 10 - 3$
$2 + 5 = 9 - 2$ $7 - 4 > 8 - 6$

Für Mathe-Super-Stars!

Umkehraufgaben

(1) Zaubere erst weg, dann wieder dazu.

> Ich zaubere 3 Plättchen weg.

> Ich zaubere die 3 Plättchen wieder dazu.

> Das ist die Umkehraufgabe!

$8 - 3 = 5$

$5 + 3 = 8$

$8 - 2 = 6$ $8 - 5 = 3$ $6 - 4 = 2$
$6 + 2 = 8$ $3 + 5 = 8$ $2 + 4 = 6$

(2) $5 - 2 = 3$ $7 - 5 = 2$ $8 - 1 = 7$
$3 + 2 = 5$ $2 + 5 = 7$ $7 + 1 = 8$

(3) Zaubere erst dazu, dann wieder weg.

$5 + 2 = 7$ $4 + 5 = 9$ $2 + 3 = 5$
$7 - 2 = 5$ $9 - 5 = 4$ $5 - 3 = 2$

$4 + 1 = 5$ $5 + 3 = 8$ $3 + 4 = 7$
$5 - 1 = 4$ $8 - 3 = 5$ $7 - 4 = 3$

(4) Rechne. Verbinde Umkehraufgaben.

$8 - 3 = 5$	$4 - 3 = 1$	$9 - 5 = 4$	$6 - 5 = 1$

$1 + 3 = 4$	$4 + 5 = 9$	$5 + 3 = 8$	$1 + 5 = 6$

26   APP Video

3 Zahlen – 4 Aufgaben

(1) Finde zu den Zahlen auf den Karten alle 4 Aufgaben.

| 5 | 2 | 7 |

$5 + 2 = 7$
$2 + 5 = 7$
$7 - 2 = 5$
$7 - 5 = 2$

| 1 | 7 | 8 |

$1 + 7 = 8$
$7 + 1 = 8$
$8 - 1 = 7$
$8 - 7 = 1$

| 6 | 3 | 9 |

$6 + 3 = 9$
$3 + 6 = 9$
$9 - 3 = 6$
$9 - 6 = 3$

| 4 | 7 | 3 |

$4 + 3 = 7$
$3 + 4 = 7$
$7 - 3 = 4$
$7 - 4 = 3$

| 2 | 10 | 8 |

$2 + 8 = 10$
$8 + 2 = 10$
$10 - 8 = 2$
$10 - 2 = 8$

| 9 | 4 | 5 |

$4 + 5 = 9$
$5 + 4 = 9$
$9 - 5 = 4$
$9 - 4 = 5$

(2) Für Mathe-Super-Stars: Welche Zahl fehlt?

| 2 | ? | 6 |

> Achtung: Hier gibt es 2 Möglichkeiten!

$2 + 6 = 8$ $2 + 4 = 6$
$6 + 2 = 8$ $4 + 2 = 6$
$8 - 6 = 2$ $6 - 4 = 2$
$8 - 2 = 6$ $6 - 2 = 4$

APP Video   27

Welche Rechnung passt?

(1) Erzähle.
Verbinde Rechnung und Bild.
Rechne.

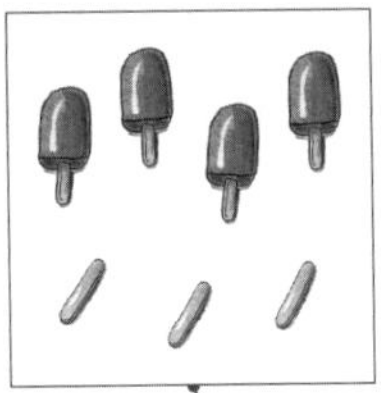

$5 + 2 = 7$		$7 - 3 = 4$

$8 - 3 = 5$		$2 + 4 = 6$

$5 + 3 = 8$

$5 - 3 = 2$

$5 - 1 = 4$

$6 + 3 = 9$

> Denke dir selbst Rechengeschichten aus. Male Bilder und schreibe die Rechnungen auf.

28

29

Mit dem Euro knobeln und rechnen

1 Wie viel Geld ist es?

<u>7</u> €   <u>8</u> €   <u>3</u> €

2 Ergänze auf 10 €.

5 € + <u>5</u> € = 10 €   8 € + <u>2</u> € = 10 €   <u>4</u> € + <u>6</u> € = 10 €

3 Wechsle.

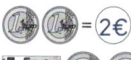 = (2€)    = 5€

 = 10€

4 In welche Münzen wurde gewechselt?

 = (2€)(2€)(2€)(2€)(2€)

 = (2€)(2€)(1€)

 = (2€)(1€)(1€)(1€)    = (1€)(1€)

30

5 Vergleiche: > < =

<u>7</u> € < <u>8</u> €   <u>8</u> € < <u>10</u> €

<u>5</u> € = <u>5</u> €   <u>6</u> € > <u>5</u> €

6 Rechne.

2 € + 3 € = <u>5</u> €		10 € − 5 € = <u>5</u> €
5 € + 4 € = <u>9</u> €		5 € − 2 € = <u>3</u> €
4 € + 2 € = <u>6</u> €		6 € − 3 € = <u>3</u> €
8 € + 1 € = <u>9</u> €		8 € − 7 € = <u>1</u> €

7 4 € + 3 € + 2 € + 1 € = <u>10</u> €
5 € + 2 € + 1 € + 2 € = <u>10</u> €
1 € + 3 € + 5 € = <u>9</u> €
4 € + 2 € + 2 € = <u>8</u> €

31

Auf dem Zauberer-Flohmarkt

1 Wie viel kostet es?

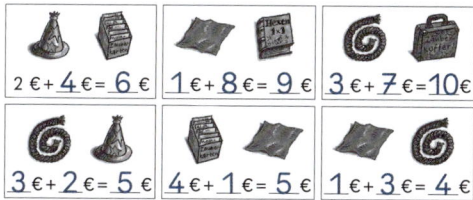

2 € + <u>4</u> € = <u>6</u> €   1 € + <u>8</u> € = <u>9</u> €   3 € + <u>7</u> € = <u>10</u> €

3 € + 2 € = <u>5</u> €   <u>4</u> € + 1 € = <u>5</u> €   1 € + 3 € = <u>4</u> €

2 Was kostet
zusammen 6 €?
Kreuze an. ☒

☐

☐

☒

3 Was kostet
zusammen 7 €?
Kreuze an. ☒

☐

☒

☐

32

APP Video

4 Wie viel bekommst du zurück?

Ich kaufe	Ich gebe	Rückgeld
8 €		10 € − 8 € = <u>2</u> €
<u>2</u> €		5 € − 2 € = 3 €
<u>3</u> €		5 € − 3 € = 2 €
<u>1</u> €		2 € − 1 € = 1 €

5 Lena kauft die ⌾. Sie bezahlt mit 💶.
Wie viel bekommt sie zurück?
Rechnung: 10 € − 4 € = 6 €
Sie bekommt 6 € zurück.

6 Kaufe mehrere Dinge.

Ich kaufe	Ich gebe	Rückgeld
7 € + 2 € = <u>9</u> €		10 € − 9 € = <u>1</u> €
1 € + 1 € + 3 € = 5 €		5 € − 5 € = 0 €
4 € + 4 € + 1 € = 9 €		10 € − 9 € = 1 €

33

Welches Bild passt?

Verbinde die Rechnung mit dem passenden Bild.

① $5 + 5 = 10$

② $6 - 1 = 5$

③ $4 + 4 = 8$

④ $8 - 2 = 6$

⑤ Schreibe für jedes übrige Bild die passende Rechnung.

Für Mathe-Super-Stars!

① $5 + 2 = 7$ ③ $3 + 3 = 6$

② $7 - 2 = 5$ ④ $6 - 2 = 4$

Vorher – nachher

$3 \xrightarrow{+2} 5$

① Zaubere in der gleichen Maschine.

+2	
3	5
4	6
6	8
2	4

+2	
7	9
1	3
8	10
5	7

② Zaubere in anderen Maschinen.

+3	
2	5
5	8
7	10
3	6

−4	
10	6
4	0
8	4
7	3

③ Wie heißt die Vorschrift?

+1	
3	4
8	9
9	10
1	2

−7	
9	2
8	1
7	0
10	3

+6	
4	10
3	9
0	6
2	8

+0	
5	5
8	8
3	3
0	0

Stars-Check: Countdown 10, 9, 8, 7, 6, 5, 4, …

… ③ Wie heißen die Rechnungen?

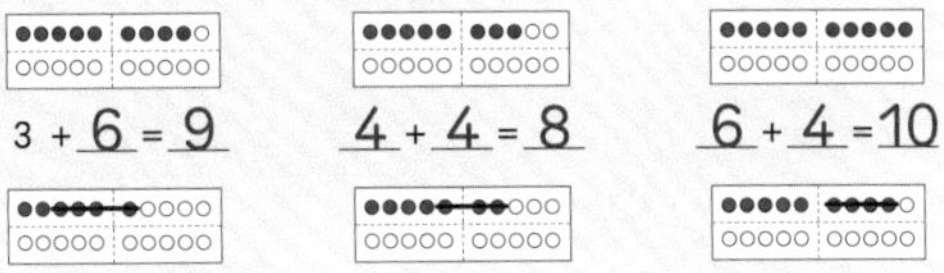

$3 + 6 = 9$ $4 + 4 = 8$ $6 + 4 = 10$

$6 - 4 = 2$ $7 - 3 = 4$ $9 - 4 = 5$

② Wechsle.

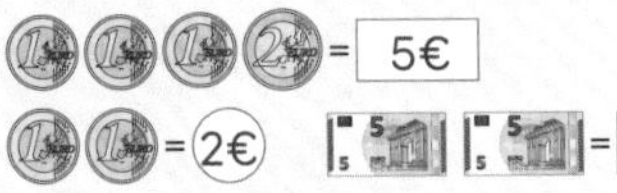

= $5€$

= $2€$ = $10€$

① Rechne. Verbinde die Bilder mit den passenden Rechnungen.

$3 + 5 = 8$ $6 - 2 = 4$ $8 - 3 = 5$

$4 + 3 = 7$ $6 - 3 = 3$

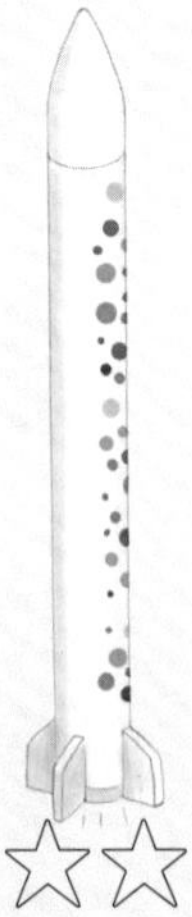

⓪ Auf zu neuen Abenteuern!

APP Check

Zahlen bis 20

1 Wie viele sind es? Verbinde Hände und Zahlen.

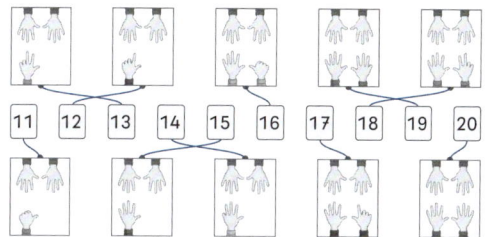

2 Wie viele?

a) Schreibe die Zahlen auf.

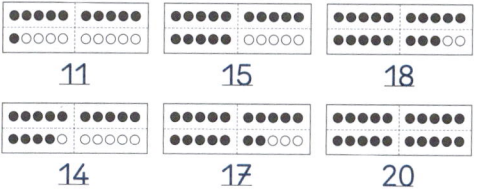

11 15 18

14 17 20

b) Färbe die Felder passend.

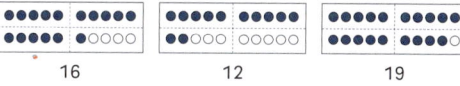

16 12 19

38

3 Zahlenstrahl: Trage die richtigen Zahlen ein.

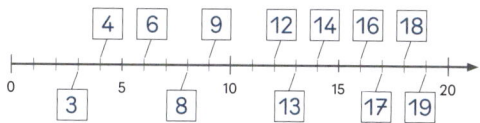

4 6 9 12 14 16 18

0   5   10   15   20

3   8   13   17 19

4 Wie geht es weiter?

8, 10, 12, _14_, _16_, _18_, 20

3, 6, 9, _12_, _15_, 18

19, 17, 15, _13_, _11_, _9_, 7

0, 5, _10_, _15_, 20

0, 4, 8, _12_, _16_, 20

20, 16, 12, _8_, _4_, 0

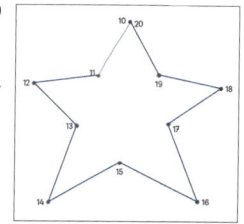

5 Ordne die Zahlen. Beginne mit der kleinsten.

10 13 20
14 19
11 3 9

_3_, _9_, _10_, _11_, _13_, _14_, _19_, _20_

APP Video

39

Große und kleine Aufgabe

1 Welcher Wohnwagen gehört zu welchem Auto? Verbinde.

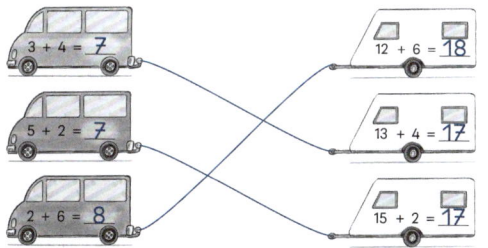

3 + 4 = _7_

5 + 2 = _7_

2 + 6 = _8_

12 + 6 = _18_

13 + 4 = _17_

15 + 2 = _17_

2 Schreibe die kleine Aufgabe dazu. Rechne.

14 + 3 = _17_   12 + 5 = _17_   15 + 4 = _19_
4 + 3 = _7_   2 + 5 = _7_   5 + 4 = _9_

11 + 8 = _19_   13 + 7 = _20_   17 + 3 = _20_
1 + 8 = _9_   3 + 7 = _10_   7 + 3 = _10_

3 Denke an die kleine Aufgabe.

16 + 2 = _18_   15 + 3 = _18_   11 + 6 = _17_   14 + 3 = _17_
12 + 6 = _18_   18 + 2 = _20_   15 + 4 = _19_   12 + 7 = _19_
13 + 4 = _17_   14 + 5 = _19_   17 + 2 = _19_   16 + 4 = _20_

40

4 Verbinde.

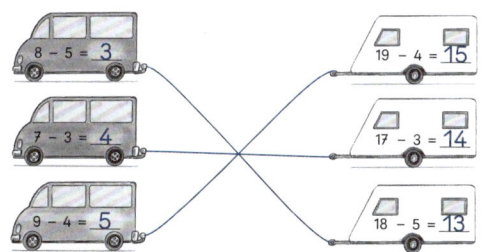

8 – 5 = _3_

7 – 3 = _4_

9 – 4 = _5_

19 – 4 = _15_

17 – 3 = _14_

18 – 5 = _13_

5 Schreibe die kleine Aufgabe dazu. Rechne.

14 – 3 = _11_   15 – 2 = _13_   18 – 6 = _12_
4 – 3 = _1_   5 – 2 = _3_   8 – 6 = _2_

19 – 5 = _14_   17 – 4 = _13_   16 – 6 = _10_
9 – 5 = _4_   7 – 4 = _3_   6 – 6 = _0_

6 Denke an die kleine Aufgabe.

19 – 2 = _17_   16 – 4 = _12_   14 – 3 = _11_   16 – 2 = _14_
17 – 5 = _12_   13 – 3 = _10_   19 – 7 = _12_   15 – 4 = _11_
18 – 3 = _15_   17 – 6 = _11_   18 – 5 = _13_   19 – 3 = _16_

APP Video

41

Bis zur 10 und dann weiter

①

$7 + 5 = 12$ $8 + 6 = 14$ $6 + 7 = 13$
$7 + 3 + 2 = 12$ $8 + 2 + 4 = 14$ $6 + 4 + 3 = 13$

$7 + 4 = 11$ $9 + 7 = 16$
$7 + 3 + 1 = 11$ $9 + 1 + 6 = 16$

② Färbe und rechne.

$5 + 6 = 11$ $8 + 4 = 12$ $9 + 3 = 12$
$5 + 5 + 1 = 11$ $8 + 2 + 2 = 12$ $9 + 1 + 2 = 12$

$6 + 5 = 11$ $7 + 6 = 13$
$6 + 4 + 1 = 11$ $7 + 3 + 3 = 13$

③ $8 + 9 = 17$ $2 + 9 = 11$ $7 + 8 = 15$
$8 + 2 + 7 = 17$ $2 + 8 + 1 = 11$ $7 + 3 + 5 = 15$

④

$13 - 5 = 8$ $15 - 6 = 9$ $12 - 4 = 8$
$13 - 3 - 2 = 8$ $15 - 5 - 1 = 9$ $12 - 2 - 2 = 8$

$11 - 3 = 8$ $14 - 5 = 9$
$11 - 1 - 2 = 8$ $14 - 4 - 1 = 9$

⑤ Zeichne und rechne.

$13 - 6 = 7$ $11 - 4 = 7$ $15 - 8 = 7$
$13 - 3 - 3 = 7$ $11 - 1 - 3 = 7$ $15 - 5 - 3 = 7$

$11 - 5 = 6$ $15 - 7 = 6$
$11 - 1 - 4 = 6$ $15 - 5 - 4 = 6$

⑥ $16 - 7 = 9$ $13 - 8 = 5$ $12 - 7 = 3$
$16 - 6 - 1 = 9$ $13 - 3 - 5 = 5$ $12 - 2 - 7 = 3$

Verdoppeln und halbieren

Ein Spiegel hilft!

① Verdoppeln

a)

$5 + 5 = 10$ $7 + 7 = 14$ $9 + 9 = 18$

$6 + 6 = 12$ $8 + 8 = 16$ $2 + 2 = 4$

b) $3 + 3 = 6$ $4 + 4 = 8$ $6 + 6 = 12$ $9 + 9 = 18$
$7 + 7 = 14$ $0 + 0 = 0$ $8 + 8 = 16$ $10 + 10 = 20$

② Halbieren

a) $6 = 3 + 3$ $12 = 6 + 6$ $14 = 7 + 7$

b) $8 = 4 + 4$ $4 = 2 + 2$ $20 = 10 + 10$
$2 = 1 + 1$ $10 = 5 + 5$ $18 = 9 + 9$

Nachbaraufgaben

① Zeichne und rechne die Nachbaraufgaben.

$5 + 4 = 9$ $8 + 7 = 15$
$5 + 5 = 10$ $8 + 8 = 16$
$5 + 6 = 11$ $8 + 9 = 17$

$9 + 8 = 17$ $6 + 5 = 11$
$9 + 9 = 18$ $6 + 6 = 12$
$9 + 10 = 19$ $6 + 7 = 13$

Auch hier hilft die Verdopplungsaufgabe.

② Rechne.

$7 + 7 = 14$ $6 + 6 = 12$ Oder: $5 + 5 = 10$ $9 + 9 = 18$ Oder: $8 + 8 = 16$
$7 + 8 = 15$ $6 + 5 = 11$ $9 + 8 = 17$

Oder: $5 + 5 = 10$ $4 + 4 = 8$ Oder: $6 + 6 = 12$ $7 + 7 = 14$ Oder: $7 + 7 = 14$ $8 + 8 = 16$
$4 + 5 = 9$ $7 + 6 = 13$ $8 + 7 = 15$

Flächenformen

1 Streiche durch, was nicht in den Sack gehört.

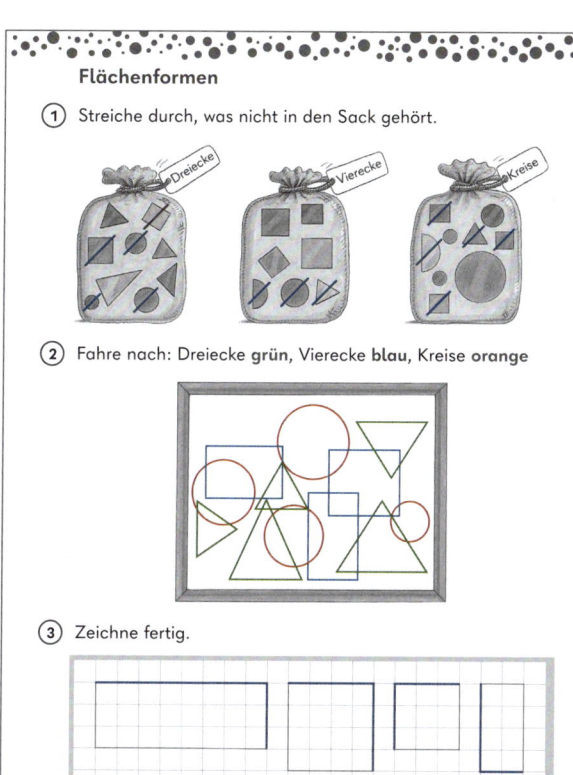

2 Fahre nach: Dreiecke **grün**, Vierecke **blau**, Kreise **orange**

3 Zeichne fertig.

APP Video

4 Kreise ein: Alle Vierecke.

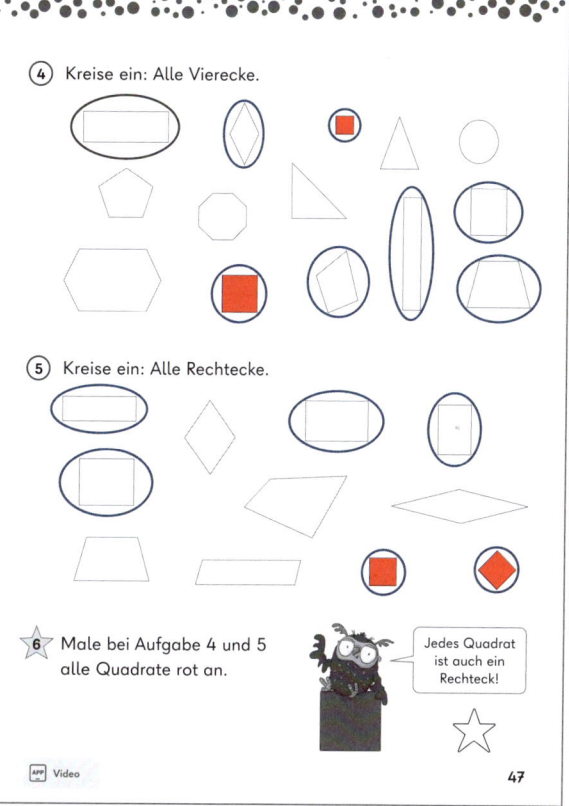

5 Kreise ein: Alle Rechtecke.

6 Male bei Aufgabe 4 und 5 alle Quadrate rot an.

Jedes Quadrat ist auch ein Rechteck!

APP Video

Nahe an der 10 ⊕

1

Statt + 9 rechne ich + 10. Das ist einfach! Danach muss ich wieder 1 wegnehmen.

$5 + 9 = 14$

$5 + 10 - 1 = 14$

$8 + 9 = 17$

$8 + 10 - 1 = 17$

$7 + 9 = 16$

$7 + 10 - 1 = 16$

$3 + 9 = 12$

$3 + 10 - 1 = 12$

$6 + 9 = 15$

$6 + 10 - 1 = 15$

2

$5 + 8 = 13$

$5 + 10 - 2 = 13$

$4 + 8 = 12$

$4 + 10 - 2 = 12$

$6 + 8 = 14$

$6 + 10 - 2 = 14$

3 Male nun selbst, streiche durch und rechne.

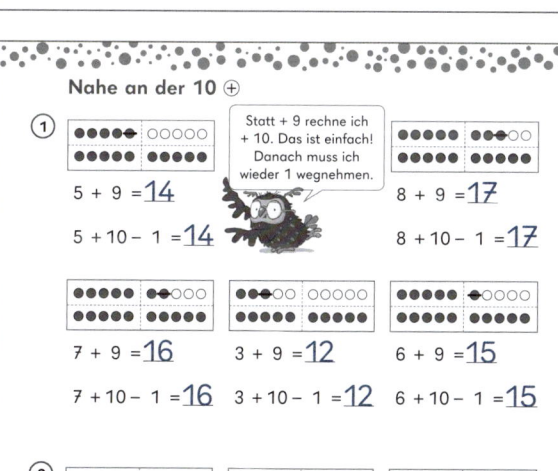

$4 + 9 = 13$

$4 + 10 - 1 = 13$

$7 + 8 = 15$

$7 + 10 - 2 = 15$

APP Video 20er-Feld

Rechenwege und Rechentricks ⊕

Zur 10 und dann weiter	Nahe an der 10	Verdopplungsaufgabe
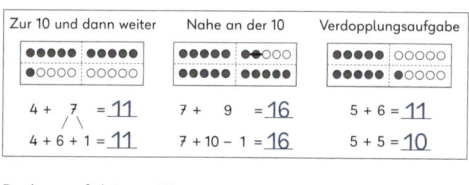		
$4 + 7 = 11$	$7 + 9 = 16$	$5 + 6 = 11$
$4 + 6 + 1 = 11$	$7 + 10 - 1 = 16$	$5 + 5 = 10$

1 Rechne auf deinem Weg.

$8 + 5 = 13$
z.B.
$8 + 2 + 3 = 13$

$6 + 9 = 15$
z.B.
$6 + 10 - 1 = 15$

$7 + 8 = 15$
z.B.
$7 + 7 = 14$

$8 + 9 = 17$

$7 + 4 = 11$

$5 + 7 = 12$

$4 + 8 = 12$

$6 + 7 = 13$

$5 + 9 = 14$

2 Baue nun selbst Plusaufgaben mit diesen Zahlen. Rechne.

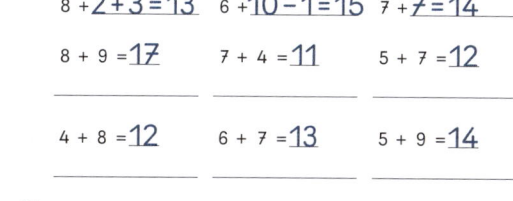
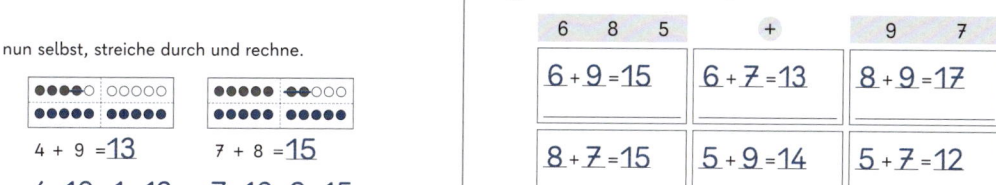

6 8 5	+	9 7
$6 + 9 = 15$	$6 + 7 = 13$	$8 + 9 = 17$
$8 + 7 = 15$	$5 + 9 = 14$	$5 + 7 = 12$

Nahe an der 10 ⊖

①
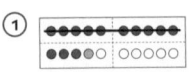

13 − 9 = __4__

13 − 10 + 1 = __4__

> Statt − 9 rechne ich − 10. Das ist einfach! Danach muss ich wieder 1 dazugeben.

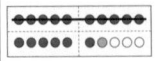

16 − 9 = __7__

16 − 10 + 1 = __7__

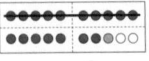

17 − 9 = __8__

17 − 10 + 1 = __8__

12 − 9 = __3__

12 − 10 + 1 = __3__

14 − 9 = __5__

14 − 10 + 1 = __5__

②

11 − 8 = __3__

11 − 10 + 2 = __3__

13 − 8 = __5__

13 − 10 + 2 = __5__

15 − 8 = __7__

15 − 10 + 2 = __7__

③ Streiche nun selbst durch, male und rechne.

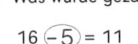

18 − 9 = __9__

14 − 8 = __6__

18 − 10 + 1 = 9

14 − 10 + 2 = 6

APP Video 20er-Feld

Rechenwege und Rechentricks ⊖

Zur 10 und dann weiter	Nahe an der 10
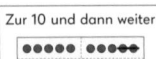	
14 − 6 = __8__	15 − 9 = __6__
14 − 4 − 2 = __8__	15 − 10 + 1 = __6__

① Rechne auf deinem Weg.

13 − 9 = __4__
z. B.
13 − 10 + 1 = 4

11 − 5 = __6__
z. B.
11 − 1 − 4 = 6

17 − 8 = __9__
z. B.
17 − 10 + 2 = 9

14 − 7 = __7__

15 − 8 = __7__

12 − 9 = __3__

11 − 6 = __5__

14 − 5 = __9__

13 − 7 = __6__

② Baue nun Minusaufgaben mit diesen Zahlen. Rechne.

15 14 12	−	9 6
15 − 9 = 6	15 − 6 = 9	14 − 9 = 5
14 − 6 = 8	12 − 9 = 3	12 − 6 = 6

APP 20er-Feld

Zaubern mit dem Murmelsack

> Ich habe 18 Murmeln im Sack.

> Simsalabim!

> Nun sind es 16.

18 (−2) = 16

> Werden es mehr oder weniger?

① Was wurde gezaubert?

16 (−5) = 11

13 (+5) = 18

15 (+4) = 19

14 (+2) = 16

12 (+3) = 15

12 (−2) = 10

17 (−2) = 15

16 (+4) = 20

18 (−6) = 12

19 (−8) = 11

20 (−7) = 13

14 (+4) = 18

② Schreibe die Rechnung dazu.

Ich habe 17 Murmeln in meinem Sack.	Jetzt sind es 13.	17 (−4) = 13
Ich habe 12 Murmeln in meinem Sack.	Jetzt sind es 18.	12 (+6) = 18
Ich habe 14 Murmeln in meinem Sack.	Jetzt sind es 10.	14 (−4) = 10

> Ich habe einige Murmeln im Sack.

> Ich gebe 2 dazu.

> Jetzt habe ich 19.

17 + 2 = 19

③ Wie viele Murmeln waren am Anfang im Sack?

12 + 5 = 17

13 + 7 = 20

12 + 4 = 16

13 + 5 = 18

16 + 4 = 20

13 + 6 = 19

④ Wie viele Murmeln waren am Anfang im Sack?

> Jetzt werden Murmeln herausgenommen.

18 − 1 = 17

17 − 2 = 15

18 − 5 = 13

20 − 6 = 14

19 − 2 = 17

20 − 7 = 13

⑤ Schreibe die Rechnung dazu.

	Ich gebe 5 Murmeln dazu.	Jetzt sind es 19.	14 + 5 = 19
	Ich nehme 3 Murmeln heraus.	Jetzt sind es 14.	17 − 3 = 14
	Ich nehme 1 Murmel heraus.	Jetzt sind es 18.	19 − 1 = 18

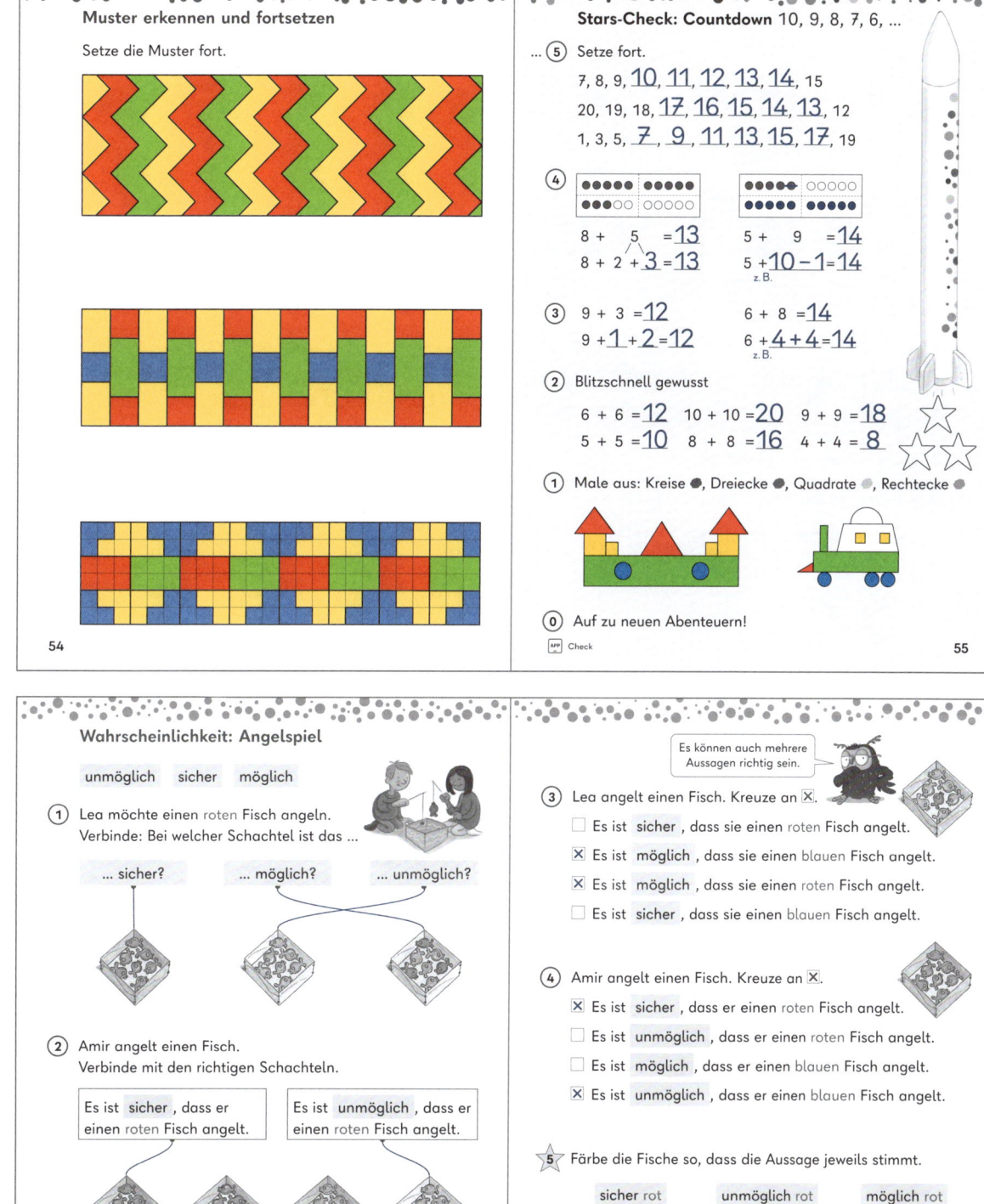

Muster erkennen und fortsetzen

Setze die Muster fort.

Stars-Check: Countdown 10, 9, 8, 7, 6, …

… ⑤ Setze fort.

7, 8, 9, **10**, **11**, **12**, **13**, **14**, 15

20, 19, 18, **17**, **16**, **15**, **14**, **13**, 12

1, 3, 5, **7**, **9**, **11**, **13**, **15**, **17**, 19

④

8 + 5 = **13**
8 + 2 + **3** = **13**

5 + 9 = **14**
5 + **10 − 1** = **14**
z. B.

③ 9 + 3 = **12**
9 + **1** + **2** = **12**

6 + 8 = **14**
6 + **4 + 4** = **14**
z. B.

② Blitzschnell gewusst

6 + 6 = **12**   10 + 10 = **20**   9 + 9 = **18**

5 + 5 = **10**   8 + 8 = **16**   4 + 4 = **8**

① Male aus: Kreise ●, Dreiecke ●, Quadrate ●, Rechtecke ●

⓪ Auf zu neuen Abenteuern!

APP Check

54   55

Wahrscheinlichkeit: Angelspiel

unmöglich   sicher   möglich

① Lea möchte einen roten Fisch angeln.
Verbinde: Bei welcher Schachtel ist das …

… sicher?   … möglich?   … unmöglich?

② Amir angelt einen Fisch.
Verbinde mit den richtigen Schachteln.

Es ist sicher , dass er
einen roten Fisch angelt.

Es ist unmöglich , dass er
einen roten Fisch angelt.

Es ist sicher , dass er
einen blauen Fisch angelt.

Es ist möglich , dass er
einen blauen Fisch angelt.

56   APP Video

Es können auch mehrere
Aussagen richtig sein.

③ Lea angelt einen Fisch. Kreuze an ☒.

☐ Es ist sicher , dass sie einen roten Fisch angelt.

☒ Es ist möglich , dass sie einen blauen Fisch angelt.

☒ Es ist möglich , dass sie einen roten Fisch angelt.

☐ Es ist sicher , dass sie einen blauen Fisch angelt.

④ Amir angelt einen Fisch. Kreuze an ☒.

☒ Es ist sicher , dass er einen roten Fisch angelt.

☐ Es ist unmöglich , dass er einen roten Fisch angelt.

☐ Es ist möglich , dass er einen blauen Fisch angelt.

☒ Es ist unmöglich , dass er einen blauen Fisch angelt.

⑤ Färbe die Fische so, dass die Aussage jeweils stimmt.

sicher rot   unmöglich rot   möglich rot
                      z. B.   z. B.

(jede Farbe ist möglich, nur nicht Rot)

57

Mit Cent knobeln und rechnen

1 Wie viel Geld ist es?

 4 ct    17 ct    6 ct

 6 ct    15 ct    13 ct

2 Wechsle.

 = 2 ct   = 10 ct

= 5 ct   = 20 ct

= 20 ct   = 10 ct

3 In welche Münzen wurde gewechselt?

= 5 ct 5 ct 5 ct 5 ct

= 10 ct 5 ct 5 ct

= 5 ct 2 ct 2 ct 1 ct

= 1 ct 1 ct 1 ct 1 ct 1 ct

58

---

4 Vergleiche: < > =

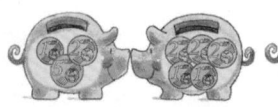 8 ct = 8 ct    18 ct > 17 ct

 11 ct < 12 ct   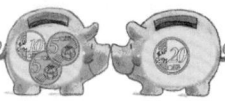 20 ct = 20 ct

5 Rechne.

2 ct + 1 ct = 3 ct	10 ct + 5 ct = 15 ct
15 ct + 2 ct = 17 ct	5 ct + 7 ct = 12 ct
4 ct + 12 ct = 16 ct	9 ct + 3 ct = 12 ct
2 ct + 6 ct = 8 ct	7 ct + 8 ct = 15 ct

6
4 ct + 3 ct + 7 ct + 1 ct = 15 ct
2 ct + 5 ct + 11 ct + 1 ct = 19 ct
12 ct + 1 ct + 5 ct = 18 ct
8 ct + 2 ct + 6 ct = 16 ct

59

Rechendreiecke

1

Ich rechne:
7 + 4 = 11
7 + 5 = 12
4 + 5 = 9

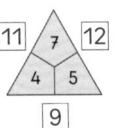 11 | 7 | 12 | 4 | 5 | 9

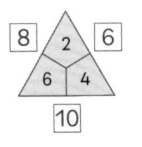 8 | 2 | 6 | 6 | 4 | 10

12 | 5 | 12 | 7 | 7 | 14

12 | 3 | 11 | 9 | 8 | 17

9 | 6 | 13 | 3 | 7 | 10

Denke daran:
Berechne zuerst die
Zahlen im Dreieck!

2

Ich rechne:
4 + 3 = 7
4 + 6 = 10

7 | 3 | 9 | 4 | 6 | 10

9 | 4 | 11 | 5 | 7 | 12

18 | 6 | 7 | 12 | 1 | 13

15 | 9 | 16 | 6 | 7 | 13

9 | 5 | 12 | 4 | 7 | 11

60

Übungen für Mathe-Stars

1 Setze die Folgen fort.

0 3 6 9 12 15 18 21 24
20 18 16 14 12 10 8 6 4
0 5 10 15 20 25 30 4
20 17 14 11 8 5 2

2 Rechne aus und setze fort.

4 + 6 = 10	5 + 5 = 10	13 – 3 = 10	16 – 6 = 10
4 + 7 = 11	6 + 5 = 11	12 – 3 = 9	16 – 7 = 9
4 + 8 = 12	7 + 5 = 12	11 – 3 = 8	16 – 8 = 8
4 + 9 = 13	8 + 5 = 13	10 – 3 = 7	16 – 9 = 7
4 + 10 = 14	9 + 5 = 14	9 – 3 = 6	16 – 10 = 6

6 + 7 = 13	8 + 6 = 14	15 – 5 = 10	14 – 6 = 8
7 + 7 = 14	8 + 5 = 13	14 – 5 = 9	14 – 7 = 7
8 + 7 = 15	8 + 4 = 12	13 – 5 = 8	14 – 8 = 6
9 + 7 = 16	8 + 3 = 11	12 – 5 = 7	14 – 9 = 5
10 + 7 = 17	8 + 2 = 10	11 – 5 = 6	14 – 10 = 4

3 Rechne geschickt: Immer 10.

4 + 7 + 6 = 17	8 + 4 + 6 = 18	17 – 7 – 4 = 6
8 + 6 + 2 = 16	3 + 9 + 7 = 19	17 – 9 – 7 = 1
8 + 7 + 3 = 18	7 + 6 + 4 = 17	16 – 8 – 6 = 2

61

APP Video

Lesen – erzählen – rechnen

(1) Zu jeder Geschichte gehören ein Bild und eine Rechnung. Verbinde.

Auf dem Parkplatz stehen schon 8 Autos. 3 Autos kommen noch dazu.

Auf dem Parkplatz standen 9 Autos. Jetzt fahren 2 Autos weg.

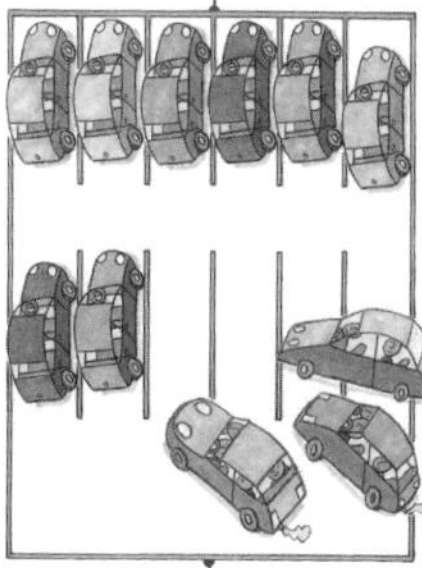

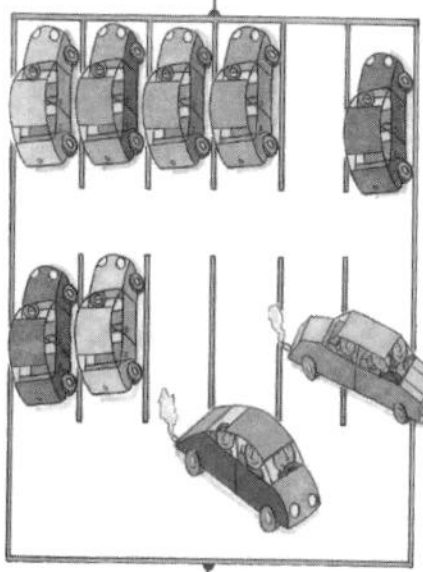

9 + 2 = 11

9 – 2 = 7

8 – 3 = 5

8 – 2 = 6

8 + 3 = 11

9 + 3 = 12

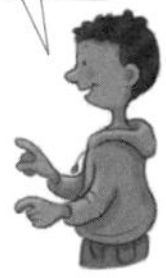
4 Rechnungen bleiben übrig!

(2) Im Schulbus sitzen bereits 12 Kinder. 4 Kinder steigen noch ein.

Im Schulbus waren 19 Kinder. 8 Kinder steigen an der Grundschule aus.

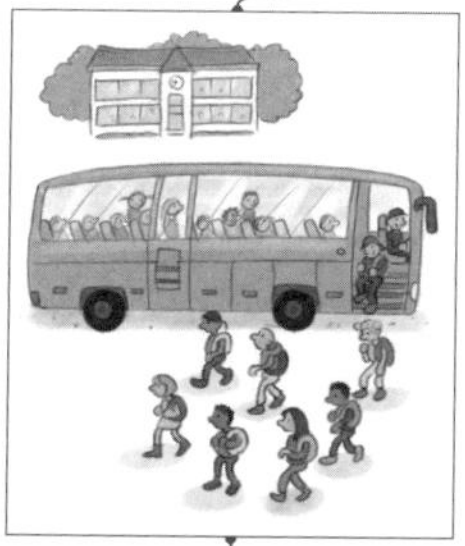

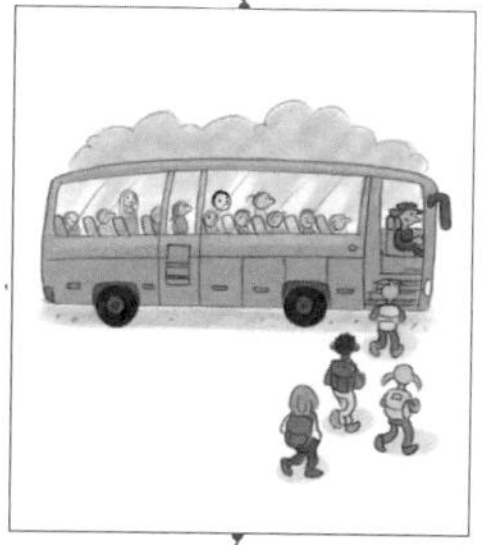

12 + 4 = 16

12 – 4 = 8

9 + 8 = 17

19 – 8 = 11

8 + 4 = 12

12 – 8 = 4

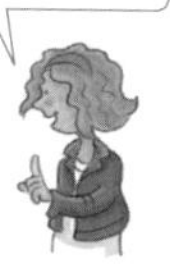
Auch hier bleiben 4 Rechnungen übrig!

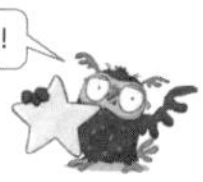
Für Mathe-Super-Stars!

(3) Löse auch alle übrigen Rechnungen. Erzähle Geschichten und male Bilder.

Lesen – erzählen – rechnen – antworten

Lies die Geschichte und erzähle zum Bild.
Löse die Aufgabe.

(1) Adam hat 14 € gespart.
Seine Tante schenkt ihm noch 5 €.
Wie viel Geld hat er jetzt?

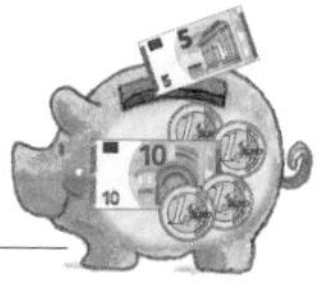

Rechnung: 14 € + 5 € = 19 €

Antwort: Er hat jetzt 19 €.

(2) Auf dem Flohmarkt verkauft Michael ein Spiel für 4 €, ein Buch für 3 € und Schlittschuhe für 8 €.
Wie viel Geld hat er jetzt?

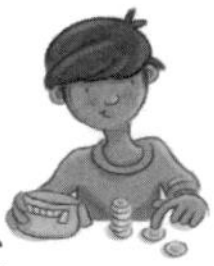

Rechnung: 4 € + 3 € + 8 € = 15 €

Antwort: Er hat jetzt 15 €.

(3) Lena kauft sich ein Taschenbuch für 9 €.
Sie bezahlt mit einem 20-€-Schein.
Wie viel Geld bekommt sie zurück?

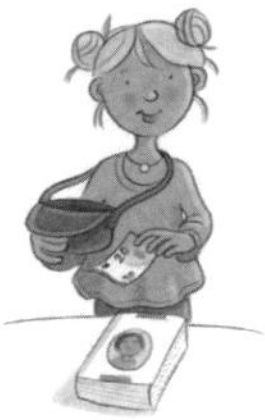

Rechnung: 20 € – 9 € = 11 €

Antwort: Sie bekommt 11 € zurück.

(4) Mara hat eine Schachtel mit 12 Schokoküssen.
Nach einer Woche sind noch 5 Schokoküsse in der Schachtel. Wie viele hat sie schon gegessen?

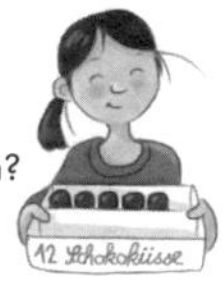
12 Schokoküsse

Rechnung: 12 – 5 = 7

Antwort: Sie hat 7 Schokoküsse gegessen.

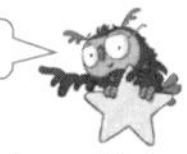
Für Mathe-Super-Stars!

(5) Florian verteilt an seinem Geburtstag eine Schachtel mit 12 Schokoküssen und eine Schachtel mit 8 Schokoküssen.

a) Wie viele Schokoküsse hat er verteilt?

Rechnung: 12 + 8 = 20

Antwort: Er hat 20 Schokoküsse verteilt.

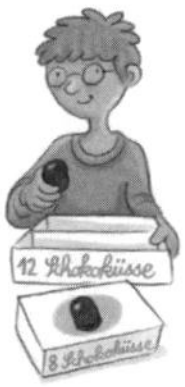
12 Schokoküsse
8 Schokoküsse

b) Jedes Kind hat 2 Schokoküsse bekommen.
Wie viele Kinder waren es?
Löse durch Zeichnen oder Rechnen.

z. B.
2 + 2 + 2 + 2 + 2 + 2 = 12 (6 Kinder)
2 + 2 + 2 + 2 = 8 (4 Kinder)
6 + 4 = 10

Antwort: Es waren 10 Kinder.

Welche Rechenfrage und Rechnung passt?

Finde die Rechenfrage und die passende Rechnung.
Kreuze an ⊠ und rechne.

① 16 Kinder warten bereits in der Turnhalle,
2 Kinder ziehen sich noch um.

- ☐ Wie viele Jungen sind in der Turnhalle?
- ⊠ Wie viele Kinder sind es insgesamt?
- ☐ Wie viele Kinder sind heute krank?

⊠ 16 + 2 = **18**   ☐ 16 – 2 = ___   ☐ 10 + 6 = ___

② Für den Schwimmunterricht wurden insgesamt 18 Kinder angemeldet.
Heute fehlen aber 3 Mädchen.

- ☐ Wie lange dauert der Schwimmunterricht?
- ☐ Wie viele Kinder können schwimmen?
- ⊠ Wie viele Kinder sind heute beim Schwimmen?

☐ 18 + 6 = ___   ⊠ 18 – 3 = **15**   ☐ 18 – 8 = ___

③ Am Klettergerüst turnen 7 Kinder,
4 Kinder sind an der Schaukel,
5 Kinder warten an der Rutsche.

- ☐ Wie viele Kinder sind im Sandkasten?
- ⊠ Wie viele Kinder sind auf dem Spielplatz?
- ☐ Wie alt sind die Kinder?

☐ 5 + 7 = ___   ☐ 7 – 4 = ___
⊠ 7 + 4 + 5 = **16**

④ 15 Kinder treffen sich um 15 Uhr zum Fußball-Training.
4 Kinder werden um 16 Uhr abgeholt,
2 Kinder gehen um 16.30 Uhr zum Bus.
Alle anderen Kinder trainieren bis 17 Uhr.

- ⊠ Wie viele Kinder bleiben bis 17 Uhr?
- ☐ Wie heißt der Fußballverein?
- ☐ Wie viele Mädchen spielen mit?

☐ 15 + 4 + 2 = ___
☐ 15 – 4 – 5 = ___
⊠ 15 – 4 – 2 = **9**

66

67

Die Uhr

① Kennst du beide Uhrzeiten?

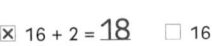

☀ 11 Uhr   ☀ **14** Uhr   ☀ **16** Uhr   ☀ **10** Uhr
☾ 23 Uhr   ☾ **2** Uhr   ☾ **4** Uhr   ☾ **22** Uhr

② Trage die Zeiger in die Uhr ein.

17 Uhr   3 Uhr   12 Uhr   6 Uhr

21 Uhr   2 Uhr   13 Uhr   8 Uhr

 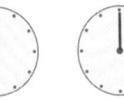  

7 Uhr   20 Uhr   0 Uhr   15 Uhr

③ Verbinde die Uhren mit gleicher Uhrzeit.

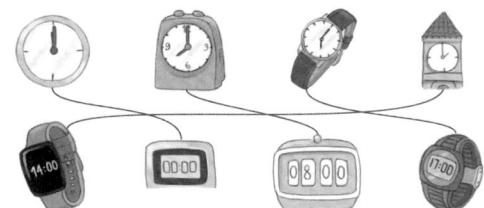

④ Welche Zahl wird hier angezeigt?

2 = 2   9 = 9   4 = 4   8 = 8   6 = 6
1 = 1   7 = 7   3 = 3   5 = 5   0 = 0

⑤ Ergänze die fehlenden Zeiten.

| 11:00 | 4:00 | 6:00 | 8:00 |
| 23:00 | 16:00 | 18:00 | 20:00 |

Male rot, was zur Zahl gehört!

APP Video Uhr

68

69

Zahlenmauern

1 Rechne.

2 + 4 = 6

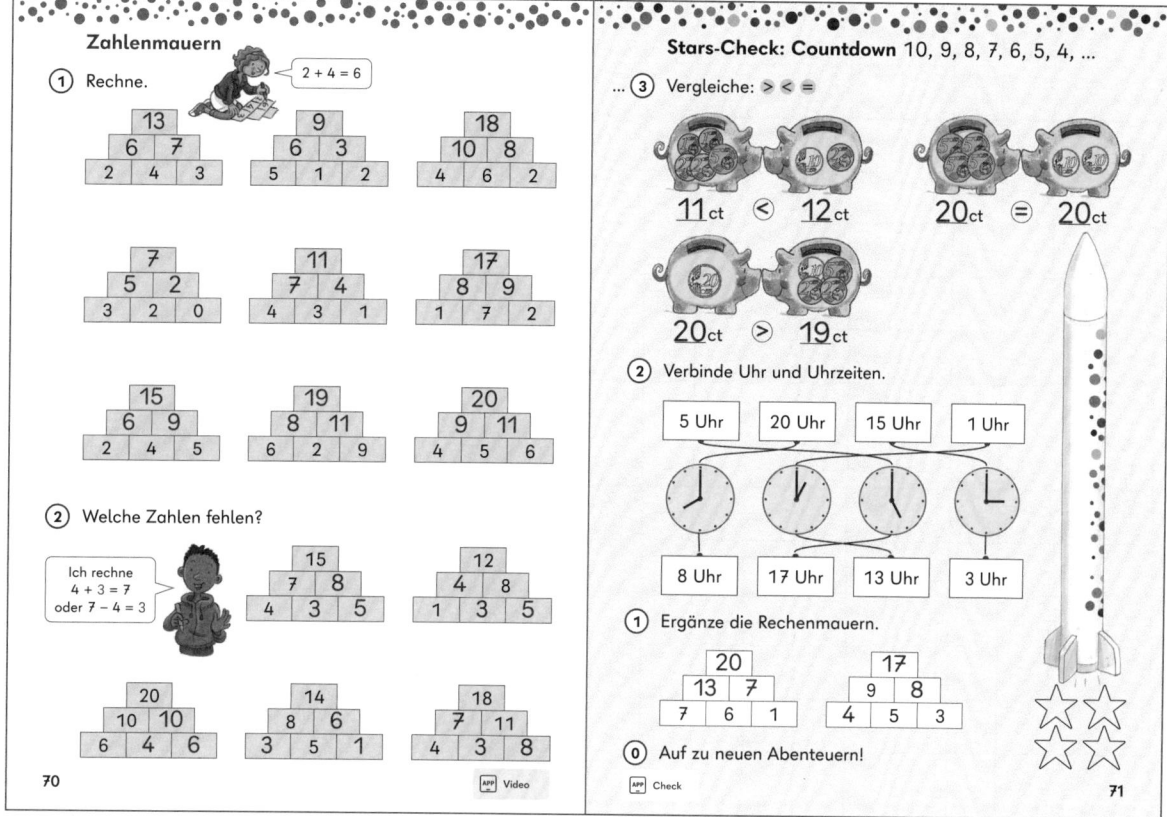

		13		
-	6		7	-
2		4		3

		9		
-	6		3	-
5		1		2

		18		
-	10		8	-
4		6		2

		7		
-	5		2	-
3		2		0

		11		
-	7		4	-
4		3		1

		17		
-	8		9	-
1		7		2

		15		
-	6		9	-
2		4		5

		19		
-	8		11	-
6		2		9

		20		
-	9		11	-
4		5		6

2 Welche Zahlen fehlen?

Ich rechne
4 + 3 = 7
oder 7 − 4 = 3

		15		
-	7		8	-
4		3		5

		12		
-	4		8	-
1		3		5

		20		
-	10		10	-
6		4		6

		14		
-	8		6	-
3		5		1

		18		
-	7		11	-
4		3		8

70   APP Video

Stars-Check: Countdown 10, 9, 8, 7, 6, 5, 4, …

… **3** Vergleiche: > < =

11 ct < 12 ct   20 ct = 20 ct

20 ct > 19 ct

2 Verbinde Uhr und Uhrzeiten.

| 5 Uhr | 20 Uhr | 15 Uhr | 1 Uhr |

| 8 Uhr | 17 Uhr | 13 Uhr | 3 Uhr |

1 Ergänze die Rechenmauern.

	20	
13		7
7	6	1

	17	
9		8
4	5	3

0 Auf zu neuen Abenteuern!

APP Check   71

Das Geheimnis des Sternenhimmels

Auflösung Sternbild: Großer Bär

Stars-Check: Countdown 10, 9, 8, 7, 6, 5, 4, ...

③ Wie heißen die Rechnungen?

3 + ___ = ___

___ + ___ = ___

___ + ___ = ___

6 − ___ = ___

___ − ___ = ___

___ − ___ = ___

② Wechsle.

= [ ]

= ◯

= [ ]

① Rechne. Verbinde die Bilder mit den passenden Rechnungen.

| 3 + 5 = ___ | 6 − 2 = ___ | 8 − 3 = ___ |

| 4 + 3 = ___ | 6 − 3 = ___ |

⓪ Auf zu neuen Abenteuern!

Zahlen bis 20

1 Wie viele sind es? Verbinde Hände und Zahlen.

2 Wie viele?

a) Schreibe die Zahlen auf.

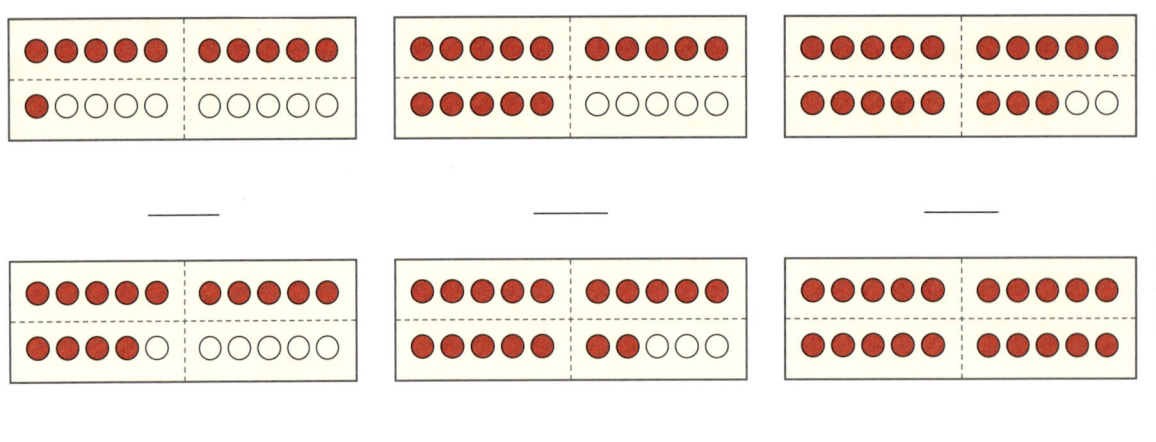

b) Färbe die Felder passend.

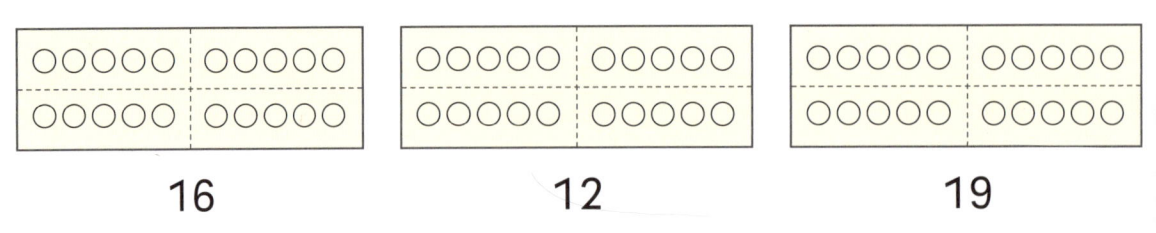

16   12   19

3 Zahlenstrahl: Trage die richtigen Zahlen ein.

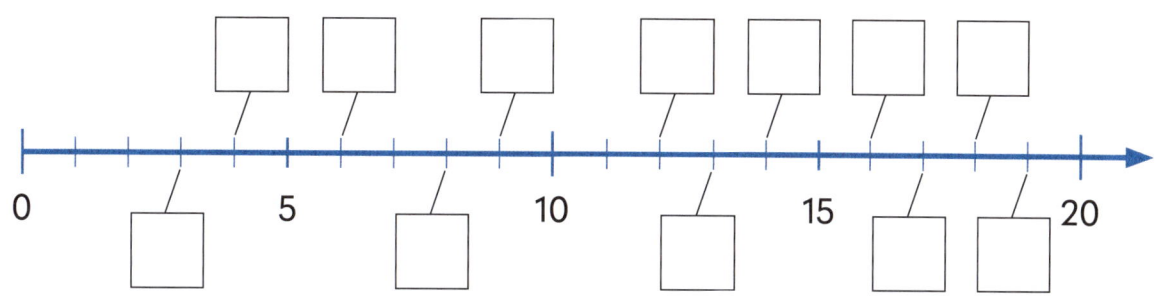

4 Wie geht es weiter?

8, 10, 12, ___, ___, ___, 20

3, 6, 9, ___, ___, 18

19, 17, 15, ___, ___, ___, 7

0, 5, ___, ___, 20

0, 4, 8, ___, ___, 20

20, 16, 12, ___, ___, 0

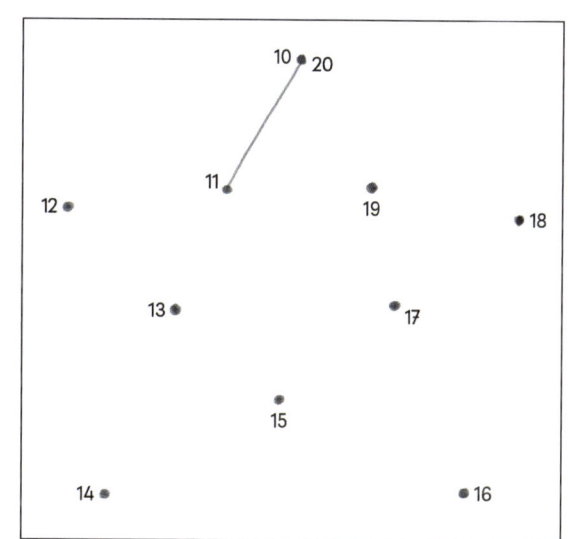

5 Ordne die Zahlen. Beginne mit der kleinsten.

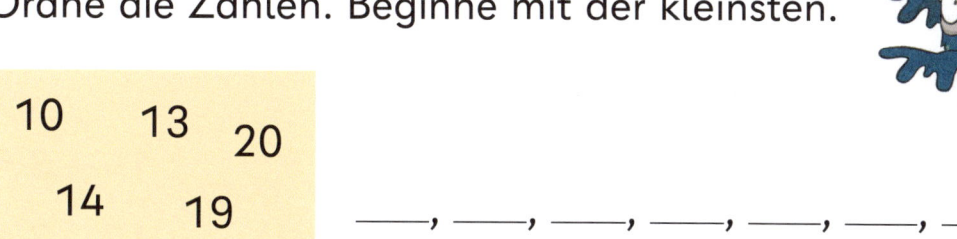

10   13   20
14   19
11   3   9

___, ___, ___, ___, ___, ___, ___, ___

Große und kleine Aufgabe

1 Welcher Wohnwagen gehört zu welchem Auto? Verbinde.

$3 + 4 =$ ___

$5 + 2 =$ ___

$2 + 6 =$ ___

$12 + 6 =$ ___

$13 + 4 =$ ___

$15 + 2 =$ ___

2 Schreibe die kleine Aufgabe dazu. Rechne.

$14 + 3 =$ ___
$4 + 3 =$ ___

$12 + 5 =$ ___
___ + ___ = ___

$15 + 4 =$ ___
___ + ___ = ___

$11 + 8 =$ ___
___ + ___ = ___

$13 + 7 =$ ___
___ + ___ = ___

$17 + 3 =$ ___
___ + ___ = ___

3 Denke an die kleine Aufgabe.

$16 + 2 =$ ___ $15 + 3 =$ ___ $11 + 6 =$ ___ $14 + 3 =$ ___

$12 + 6 =$ ___ $18 + 2 =$ ___ $15 + 4 =$ ___ $12 + 7 =$ ___

$13 + 4 =$ ___ $14 + 5 =$ ___ $17 + 2 =$ ___ $16 + 4 =$ ___

APP Video

4 Verbinde.

8 – 5 = ____

7 – 3 = ____

9 – 4 = ____

19 – 4 = ____

17 – 3 = ____

18 – 5 = ____

5 Schreibe die kleine Aufgabe dazu. Rechne.

14 – 3 = ____
4 – 3 = ____

15 – 2 = ____
____ – ____ = ____

18 – 6 = ____
____ – ____ = ____

19 – 5 = ____
____ – ____ = ____

17 – 4 = ____
____ – ____ = ____

16 – 6 = ____
____ – ____ = ____

6 Denke an die kleine Aufgabe.

19 – 2 = ____   16 – 4 = ____   14 – 3 = ____   16 – 2 = ____

17 – 5 = ____   13 – 3 = ____   19 – 7 = ____   15 – 4 = ____

18 – 3 = ____   17 – 6 = ____   18 – 5 = ____   19 – 3 = ____

Bis zur 10 und dann weiter

1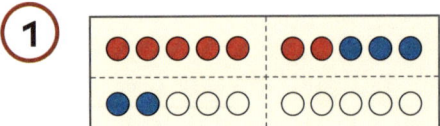

$7 + \underset{\wedge}{5} = \underline{\quad}$

$7 + 3 + 2 = \underline{\quad}$

$8 + \underset{\wedge}{6} = \underline{\quad}$

$8 + 2 + 4 = \underline{\quad}$

$6 + \underset{\wedge}{7} = \underline{\quad}$

$6 + 4 + 3 = \underline{\quad}$

$7 + \underset{\wedge}{4} = \underline{\quad}$

$7 + \underline{\quad} + \underline{\quad} = \underline{\quad}$

$9 + \underset{\wedge}{7} = \underline{\quad}$

$9 + \underline{\quad} + \underline{\quad} = \underline{\quad}$

2 Färbe und rechne.

$5 + \underset{\wedge}{6} = \underline{\quad}$

$5 + \underline{\quad} + \underline{\quad} = \underline{\quad}$

$8 + \underset{\wedge}{4} = \underline{\quad}$

$8 + \underline{\quad} + \underline{\quad} = \underline{\quad}$

$9 + \underset{\wedge}{3} = \underline{\quad}$

$9 + \underline{\quad} + \underline{\quad} = \underline{\quad}$

$6 + \underset{\wedge}{5} = \underline{\quad}$

$6 + \underline{\quad} + \underline{\quad} = \underline{\quad}$

$7 + \underset{\wedge}{6} = \underline{\quad}$

$7 + \underline{\quad} + \underline{\quad} = \underline{\quad}$

3 $8 + \underset{\wedge}{9} = \underline{\quad}$

$8 + \underline{\quad} + \underline{\quad} = \underline{\quad}$

$2 + \underset{\wedge}{9} = \underline{\quad}$

$2 + \underline{\quad} + \underline{\quad} = \underline{\quad}$

$7 + \underset{\wedge}{8} = \underline{\quad}$

$7 + \underline{\quad} + \underline{\quad} = \underline{\quad}$

APP Video 20er-Feld

④

13 − 5 = ___
13 − 3 − 2 = ___

15 − 6 = ___
15 − 5 − 1 = ___

12 − 4 = ___
12 − 2 − 2 = ___

11 − 3 = ___
11 − ___ − ___ = ___

14 − 5 = ___
14 − ___ − ___ = ___

⑤ Zeichne und rechne.

13 − 6 = ___
13 − ___ − ___ = ___

11 − 4 = ___
11 − ___ − ___ = ___

15 − 8 = ___
15 − ___ − ___ = ___

11 − 5 = ___
11 − ___ − ___ = ___

15 − 9 = ___
15 − ___ − ___ = ___

⑥ 16 − 7 = ___
16 − ___ − ___ = ___

13 − 8 = ___
13 − ___ − ___ = ___

12 − 9 = ___
12 − ___ − ___ = ___

Verdoppeln und halbieren

1 Verdoppeln

Ein Spiegel hilft!

a)

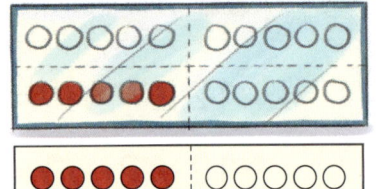

$5 + 5 =$___   ___$+$___$=$___   ___$+$___$=$___

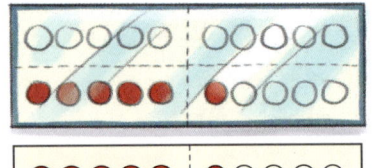

___$+$___$=$___   ___$+$___$=$___   ___$+$___$=$___

b) $3 + 3 =$___ $4 + 4 =$___ $6 + 6 =$___ $9 + 9 =$___

$7 + 7 =$___ $0 + 0 =$___ $8 + 8 =$___ $10 + 10 =$___

2 Halbieren

a)

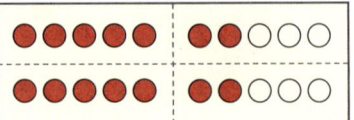

$6 = 3 + 3$ $12 =$___$+$___   ___$=$___$+$___

b) $8 =$___$+$___ $4 =$___$+$___ $20 =$___$+$___

$2 =$___$+$___ $10 =$___$+$___ $18 =$___$+$___

44

Nachbaraufgaben

1 Zeichne und rechne die Nachbaraufgaben.

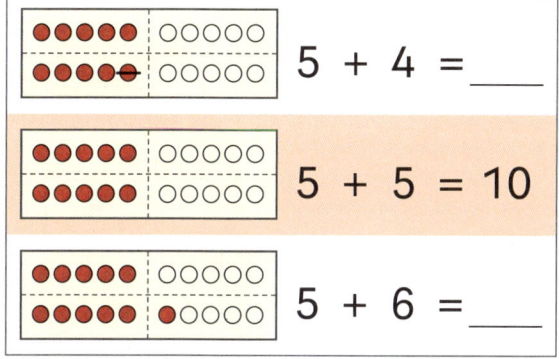

5 + 4 = ___

5 + 5 = 10

5 + 6 = ___

8 + 7 = ___

8 + 8 = 16

8 + 9 = ___

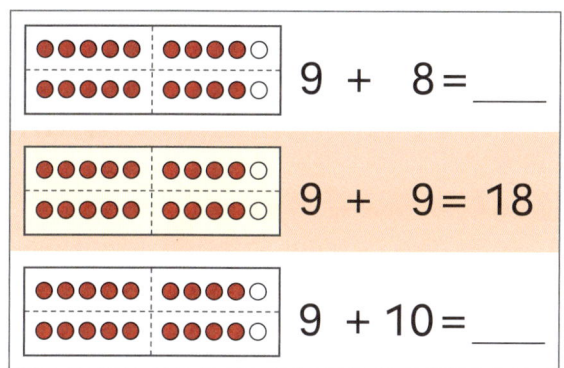

9 + 8 = ___

9 + 9 = 18

9 + 10 = ___

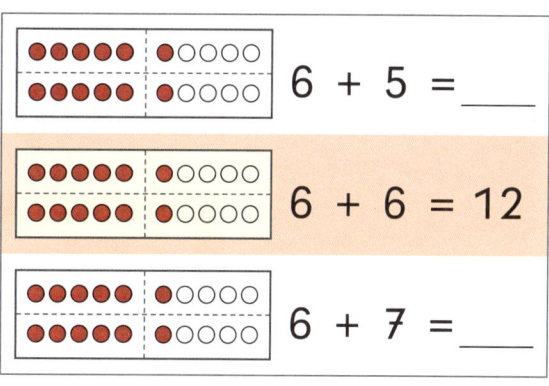

6 + 5 = ___

6 + 6 = 12

6 + 7 = ___

Auch hier hilft die Verdopplungsaufgabe.

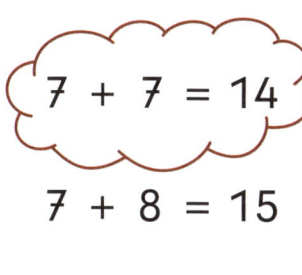

2 Rechne.

7 + 7 = 14

7 + 8 = 15

___ + ___ = ___

6 + 5 = ___

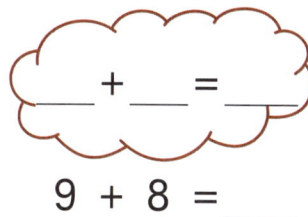

___ + ___ = ___

9 + 8 = ___

___ + ___ = ___

4 + 5 = ___

___ + ___ = ___

7 + 6 = ___

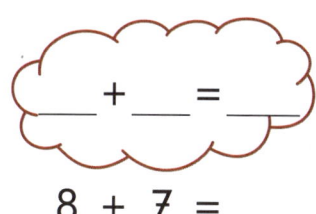

___ + ___ = ___

8 + 7 = ___

APP Video

Flächenformen

1 Streiche durch, was nicht in den Sack gehört.

2 Fahre nach: Dreiecke **grün**, Vierecke **blau**, Kreise **orange**

3 Zeichne fertig.

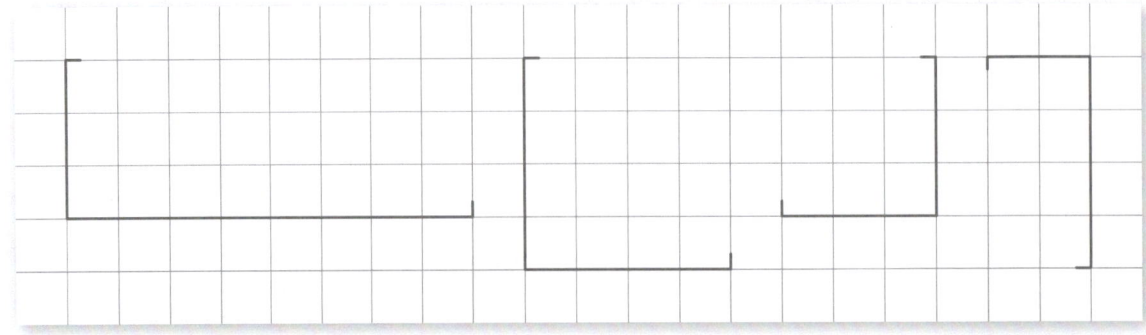

APP Video

4 Kreise ein: Alle Vierecke.

5 Kreise ein: Alle Rechtecke.

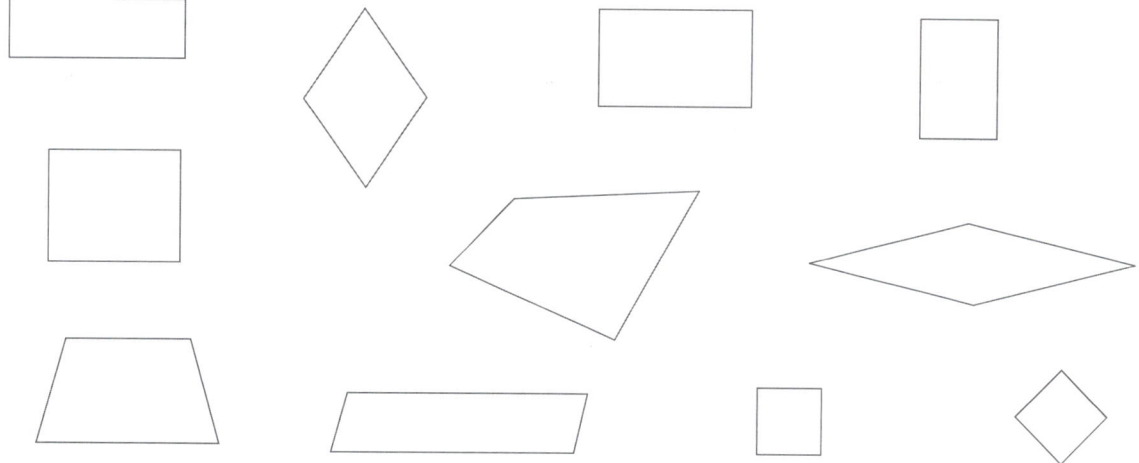

6 Male bei Aufgabe 4 und 5 alle Quadrate rot an.

Jedes Quadrat ist auch ein Rechteck!

Nahe an der 10 ⊕

①

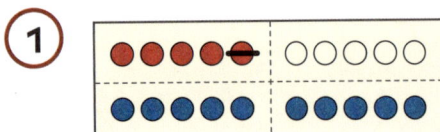

5 + 9 = ___

5 + 10 – 1 = ___

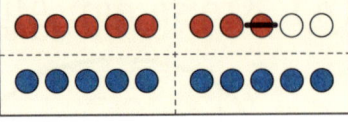

8 + 9 = ___

8 + 10 – 1 = ___

> Statt + 9 rechne ich
> + 10. Das ist einfach!
> Danach muss ich
> wieder 1 wegnehmen.

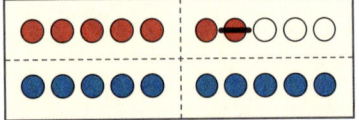

7 + 9 = ___

7 + 10 – 1 = ___

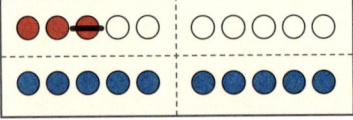

3 + 9 = ___

3 + 10 – 1 = ___

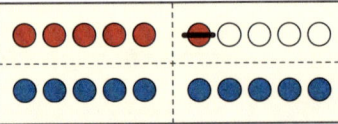

6 + 9 = ___

6 + 10 – 1 = ___

②

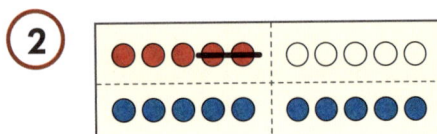

5 + 8 = ___

5 + 10 – 2 = ___

4 + 8 = ___

4 + 10 – 2 = ___

6 + 8 = ___

6 + 10 – 2 = ___

③ Male nun selbst, streiche durch und rechne.

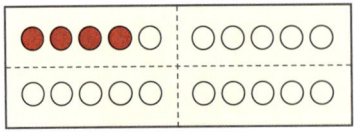

4 + 9 = ___

___ + ___ – ___ = ___

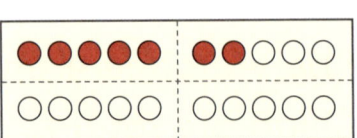

7 + 8 = ___

___ + ___ – ___ = ___

48

APP Video
20er-Feld

Rechenwege und Rechentricks ⊕

Zur 10 und dann weiter	Nahe an der 10	Verdopplungsaufgabe
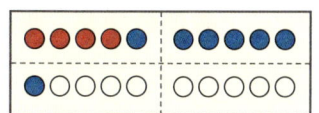	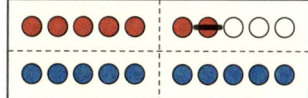	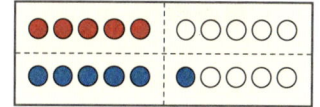
$4 + 7 =$ ____	$7 + 9 =$ ____	$5 + 6 =$ ____
$4 + 6 + 1 =$ ____	$7 + 10 - 1 =$ ____	$5 + 5 =$ ____

1 Rechne auf deinem Weg.

$8 + 5 =$ ___ $6 + 9 =$ ___ $7 + 8 =$ ___

$8 +$ _____ $6 +$ _____ $7 +$ _____

$8 + 9 =$ ___ $7 + 4 =$ ___ $5 + 7 =$ ___

_____   _____   _____

$4 + 8 =$ ___ $6 + 7 =$ ___ $5 + 9 =$ ___

_____   _____   _____

2 Baue nun selbst Plusaufgaben mit diesen Zahlen. Rechne.

6 8 5		9 7

___ + ___ = ___	___ + ___ = ___	___ + ___ = ___
_____	_____	_____

___ + ___ = ___	___ + ___ = ___	___ + ___ = ___
_____	_____	_____

Nahe an der 10 ⊖

1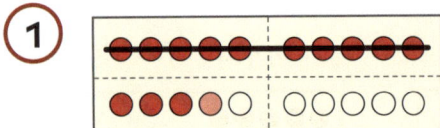

13 − 9 = ___

13 − 10 + 1 = ___

Statt − 9 rechne ich − 10. Das ist einfach! Danach muss ich wieder 1 dazugeben.

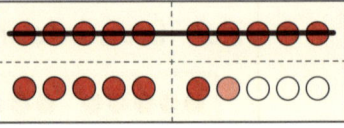

16 − 9 = ___

16 − 10 + 1 = ___

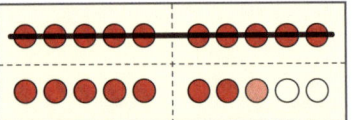

17 − 9 = ___

17 − 10 + 1 = ___

12 − 9 = ___

12 − 10 + 1 = ___

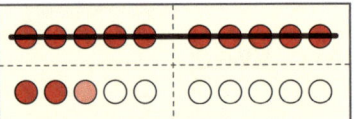

14 − 9 = ___

14 − 10 + 1 = ___

2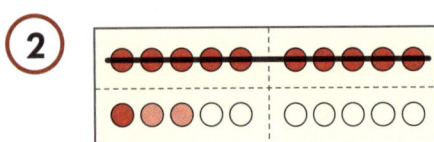

11 − 8 = ___

11 − 10 + 2 = ___

13 − 8 = ___

13 − 10 + 2 = ___

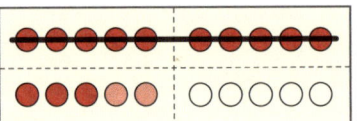

15 − 8 = ___

15 − 10 + 2 = ___

3 Streiche nun selbst durch, male und rechne.

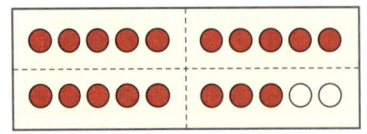

18 − 9 = ___

___ − ___ + ___ = ___

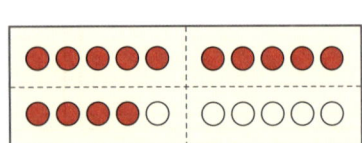

14 − 8 = ___

___ − ___ + ___ = ___

APP Video 20er-Feld

Rechenwege und Rechentricks ⊖

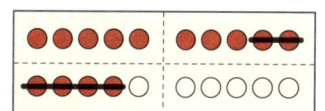

Zur 10 und dann weiter

14 – 6 = ____
$\diagup \diagdown$
14 – 4 – 2 = ____

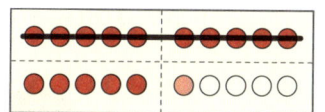

Nahe an der 10

15 – 9 = ____

15 – 10 + 1 = ____

1 Rechne auf deinem Weg.

13 – 9 = ____   11 – 5 = ____   17 – 8 = ____

13 – _____   11 – _____   17 – _____

14 – 7 = ____   15 – 8 = ____   12 – 9 = ____

_____   _____   _____

11 – 6 = ____   14 – 5 = ____   13 – 7 = ____

_____   _____   _____

2 Baue nun Minusaufgaben mit diesen Zahlen. Rechne.

15 14 12	–	9 6

____ – ____ = ____   ____ – ____ = ____   ____ – ____ = ____

_____   _____   _____

____ – ____ = ____   ____ – ____ = ____   ____ – ____ = ____

_____   _____   _____

APP 20er-Feld

Zaubern mit dem Murmelsack

Ich habe 18 Murmeln im Sack.

Simsalabim!

Nun sind es 16.

18   ◯   =   16

Werden es mehr oder weniger?

1 Was wurde gezaubert?

16 $\left(-5\right)$ = 11   13 ◯ = 18   15 ◯ = 19

14 ◯ = 16   12 ◯ = 15   12 ◯ = 10

17 ◯ = 15   16 ◯ = 20   18 ◯ = 12

19 ◯ = 11   20 ◯ = 13   14 ◯ = 18

2 Schreibe die Rechnung dazu.

Ich habe 17 Murmeln in meinem Sack.		Jetzt sind es 13. _____
Ich habe 12 Murmeln in meinem Sack.		Jetzt sind es 18. _____
Ich habe 14 Murmeln in meinem Sack.		Jetzt sind es 10. _____

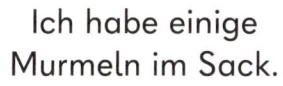
Ich habe einige Murmeln im Sack.

Ich gebe 2 dazu.

Jetzt habe ich 19.

_____   + 2   =   19

3 Wie viele Murmeln waren am Anfang im Sack?

____ + 5 = 17	____ + 7 = 20	____ + 4 = 16
____ + 5 = 18	____ + 4 = 20	____ + 6 = 19

4 Wie viele Murmeln waren am Anfang im Sack?

Jetzt werden Murmeln herausgenommen.

____ − 1 = 17	____ − 2 = 15	____ − 5 = 13
____ − 6 = 14	____ − 2 = 17	____ − 7 = 13

5 Schreibe die Rechnung dazu.

	Ich gebe 5 Murmeln dazu.	Jetzt sind es 19.	_____
	Ich nehme 3 Murmeln heraus.	Jetzt sind es 14.	_____
	Ich nehme 1 Murmel heraus.	Jetzt sind es 18.	_____

Muster erkennen und fortsetzen

Setze die Muster fort.

Stars-Check: Countdown 10, 9, 8, 7, 6, ...

(5) Setze fort.

7, 8, 9, ____, ____, ____, ____, ____, 15

20, 19, 18, ____, ____, ____, ____, ____, 12

1, 3, 5, ____, ____, ____, ____, ____, ____, 19

(4)

8 +   5   =____

8 + 2 +____ =____

5 +   9   =____

5 +_____ =____

(3)

9 + 3 = ____

9 +____+____=____

6 + 8 = ____

6 +_____=____

(2) Blitzschnell gewusst

6 + 6 = ____   10 + 10 = ____   9 + 9 = ____

5 + 5 = ____   8 + 8 = ____   4 + 4 = ____

(1) Male aus: Kreise 🔵, Dreiecke 🔴, Quadrate 🟡, Rechtecke 🟢

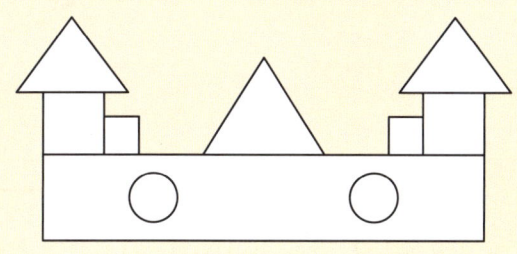

(0) Auf zu neuen Abenteuern!

Wahrscheinlichkeit: Angelspiel

unmöglich   sicher   möglich

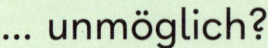

1 Lea möchte einen roten Fisch angeln.
Verbinde: Bei welcher Schachtel ist das ...

... sicher?   ... möglich?   ... unmöglich?

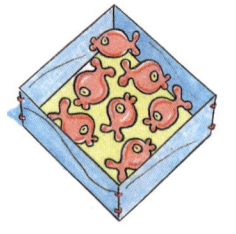   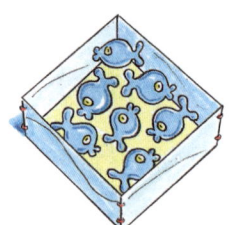   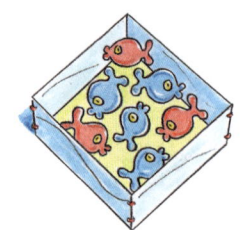

2 Amir angelt einen Fisch.
Verbinde mit den richtigen Schachteln.

Es ist sicher , dass er einen roten Fisch angelt.	Es ist unmöglich , dass er einen roten Fisch angelt.

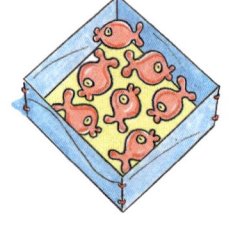   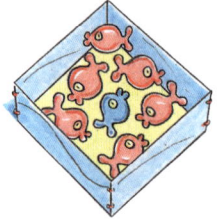      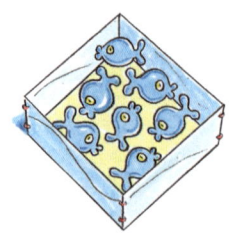

Es ist sicher , dass er einen blauen Fisch angelt.	Es ist möglich , dass er einen blauen Fisch angelt.

 Video

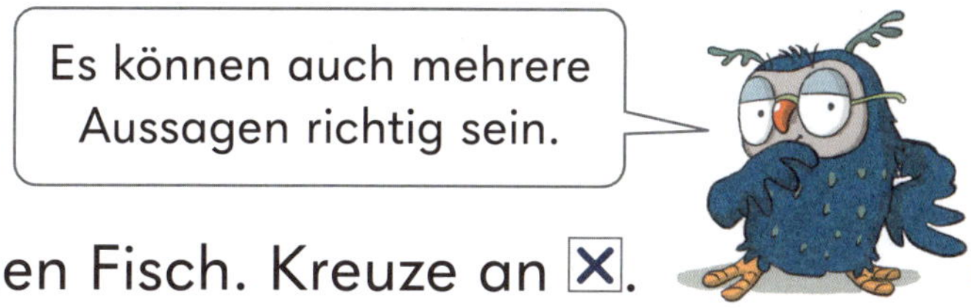

Es können auch mehrere Aussagen richtig sein.

③ Lea angelt einen Fisch. Kreuze an ☒**.**

☐ Es ist sicher , dass sie einen roten Fisch angelt.

☐ Es ist möglich , dass sie einen blauen Fisch angelt.

☐ Es ist möglich , dass sie einen roten Fisch angelt.

☐ Es ist sicher , dass sie einen blauen Fisch angelt.

④ Amir angelt einen Fisch. Kreuze an ☒**.**

☐ Es ist sicher , dass er einen roten Fisch angelt.

☐ Es ist unmöglich , dass er einen roten Fisch angelt.

☐ Es ist möglich , dass er einen blauen Fisch angelt.

☐ Es ist unmöglich , dass er einen blauen Fisch angelt.

⑤ Färbe die Fische so, dass die Aussage jeweils stimmt.

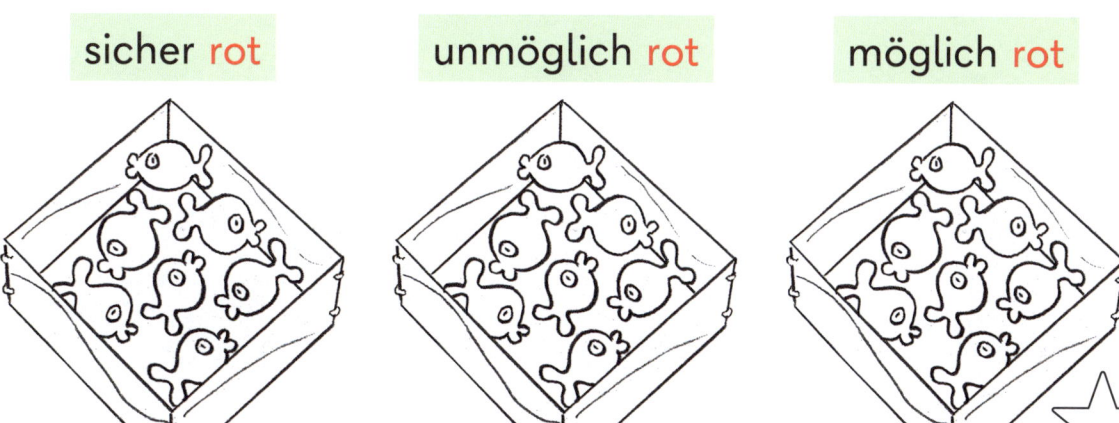

sicher rot   unmöglich rot   möglich rot

Mit Cent knobeln und rechnen

(1) Wie viel Geld ist es?

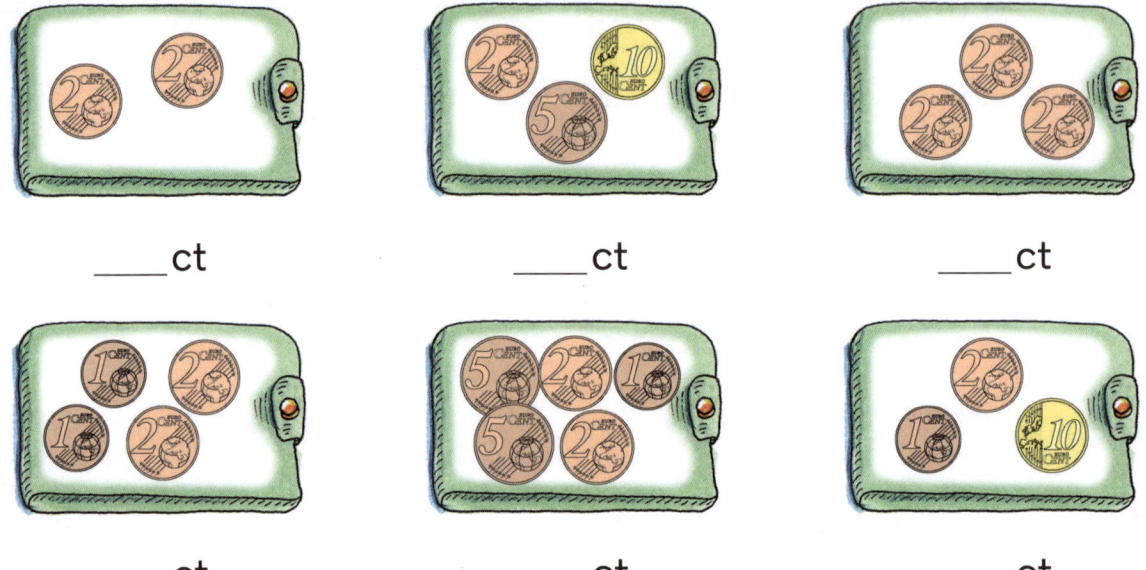

_____ct   _____ct   _____ct

_____ct   _____ct   _____ct

(2) Wechsle.

(3) In welche Münzen wurde gewechselt?

4 Vergleiche: < > =

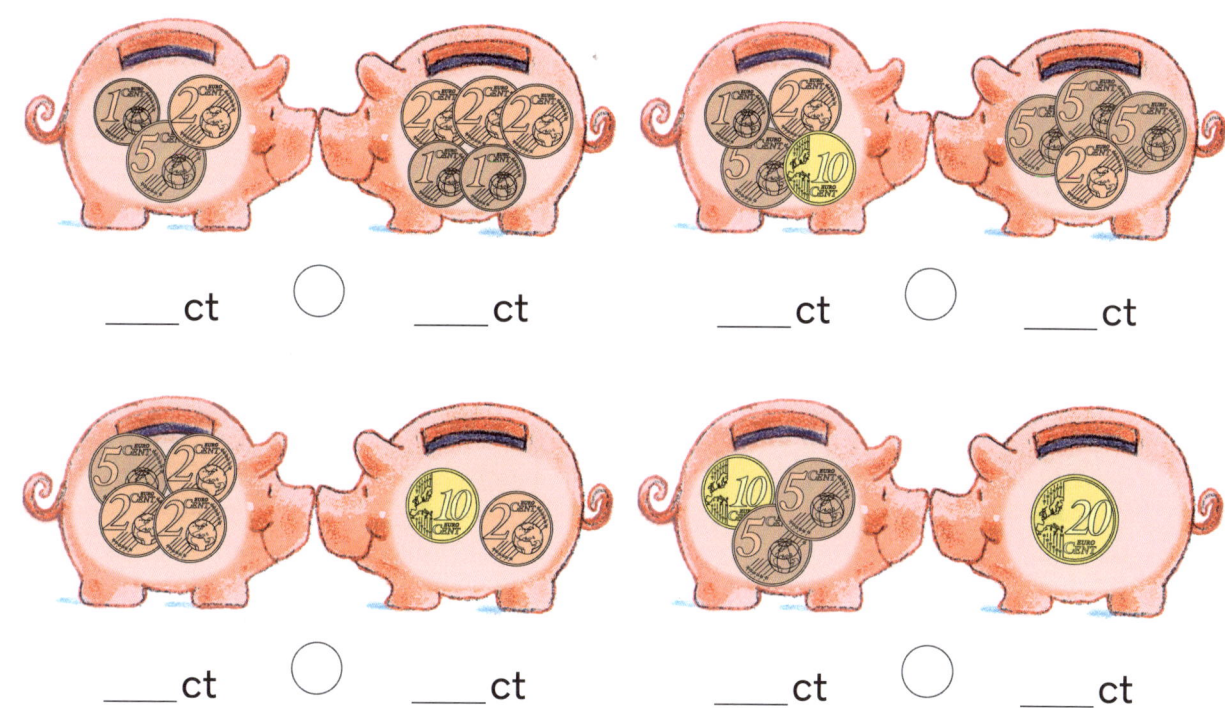

_____ ct ⃝ _____ ct   _____ ct ⃝ _____ ct

_____ ct ⃝ _____ ct   _____ ct ⃝ _____ ct

5 Rechne.

2 ct + 1 ct = _____ ct   10 ct + 5 ct = _____ ct

15 ct + 2 ct = _____ ct   5 ct + 7 ct = _____ ct

4 ct + 12 ct = _____ ct   9 ct + 3 ct = _____ ct

2 ct + 6 ct = _____ ct   7 ct + 8 ct = _____ ct

6 4 ct + 3 ct + 7 ct + 1 ct = _____ ct

   2 ct + 5 ct + 11 ct + 1 ct = _____ ct

12 ct + 1 ct + 5 ct = _____ ct

   8 ct + 2 ct + 6 ct = _____ ct

Rechendreiecke

1

Ich rechne:
7 + 4 = 11
7 + 5 = 12
4 + 5 = 9

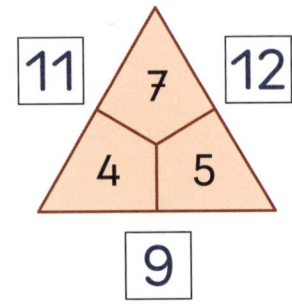

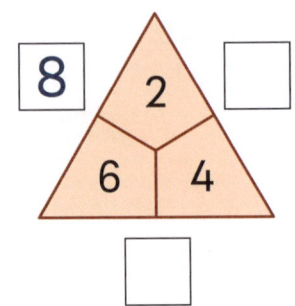

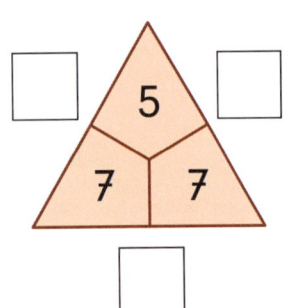

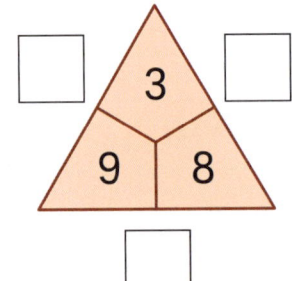

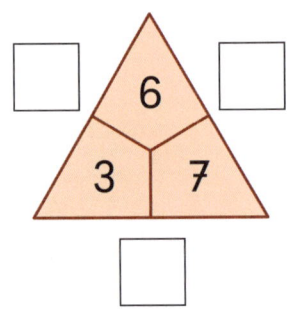

Denke daran: Berechne zuerst die Zahlen im Dreieck!

2

Ich rechne:
4 + 3 = 7
4 + __ = 10

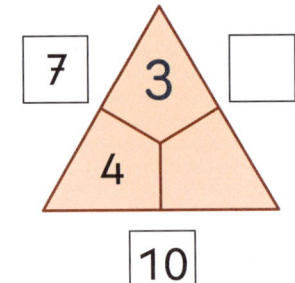

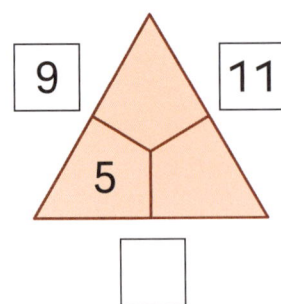

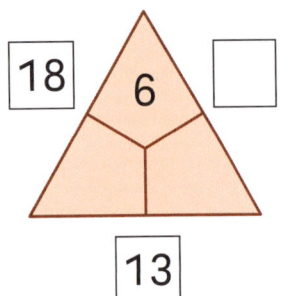

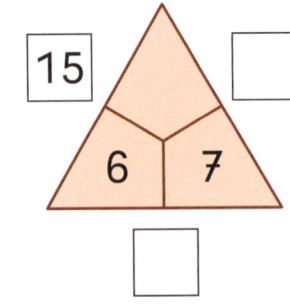

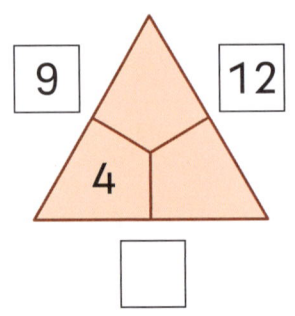

APP Video

Übungen für Mathe-Stars

1 Setze die Folgen fort.

2 Rechne aus und setze fort.

4 + 6 =____	5 + 5 =____
4 + 7 =____	6 + 5 =____
4 + 8 =____	7 + 5 =____
_____	_____
_____	_____

13 − 3 =____	16 − 6 =____
12 − 3 =____	16 − 7 =____
11 − 3 =____	16 − 8 =____
_____	_____
_____	_____

6 + 7 =____	8 + 6 =____
7 + 7 =____	8 + 5 =____
8 + 7 =____	8 + 4 =____
_____	_____
_____	_____

15 − 5 =____	14 − 6 =____
14 − 5 =____	14 − 7 =____
13 − 5 =____	14 − 8 =____
_____	_____
_____	_____

3 Rechne geschickt: Immer 10.

4 + 7 + 6 =____	8 + 4 + 6 =____	17 − 7 − 4 =____
8 + 6 + 2 =____	3 + 9 + 7 =____	17 − 9 − 7 =____
8 + 7 + 3 =____	7 + 6 + 4 =____	16 − 8 − 6 =____

Lesen – erzählen – rechnen

1 Zu jeder Geschichte gehören ein Bild und eine Rechnung.
Verbinde.

Auf dem Parkplatz stehen schon 8 Autos. 3 Autos kommen noch dazu.

Auf dem Parkplatz standen 9 Autos. Jetzt fahren 2 Autos weg.

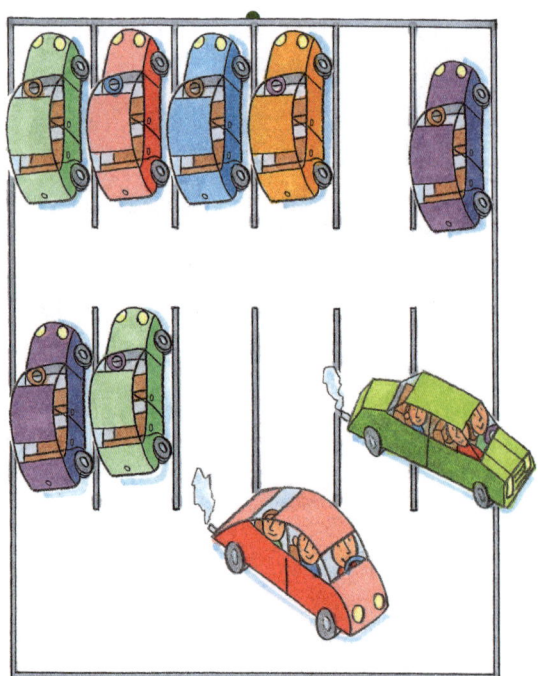

9 + 2 = ___

9 – 2 = ___

8 – 3 = ___

8 – 2 = ___

8 + 3 = ___

9 + 3 = ___

4 Rechnungen bleiben übrig!

②

Im Schulbus sitzen bereits
12 Kinder.
4 Kinder steigen noch ein.

Im Schulbus waren
19 Kinder. 8 Kinder steigen
an der Grundschule aus.

12 + 4 = ___

12 − 4 = ___

Auch hier bleiben
4 Rechnungen übrig!

9 + 8 = ___

19 − 8 = ___

8 + 4 = ___

12 − 8 = ___

Für Mathe-Super-Stars!

 ③ Löse auch alle übrigen Rechnungen.
Erzähle Geschichten und male Bilder.

Lesen – erzählen – rechnen – antworten

Lies die Geschichte und erzähle zum Bild.
Löse die Aufgabe.

1 Adam hat 14 € gespart.
Seine Tante schenkt ihm noch 5 €.
Wie viel Geld hat er jetzt?

Rechnung: _____

Antwort: Er hat jetzt _____ €.

2 Auf dem Flohmarkt verkauft Michael
ein Spiel für 4 €, ein Buch für 3 € und
Schlittschuhe für 8 €.
Wie viel Geld hat er jetzt?

Rechnung: _____

Antwort: Er hat jetzt _____ €.

3 Lena kauft sich ein Taschenbuch für 9 €.
Sie bezahlt mit einem 20-€-Schein.
Wie viel Geld bekommt sie zurück?

Rechnung: _____

Antwort: Sie bekommt _____ € zurück.

4 Mara hat eine Schachtel mit 12 Schokoküssen. Nach einer Woche sind noch 5 Schokoküsse in der Schachtel. Wie viele hat sie schon gegessen?

Rechnung: _____

Antwort: Sie hat _____ Schokoküsse gegessen.

Für Mathe-Super-Stars!

5 Florian verteilt an seinem Geburtstag eine Schachtel mit 12 Schokoküssen und eine Schachtel mit 8 Schokoküssen.

a) Wie viele Schokoküsse hat er verteilt?

Rechnung: _____

Antwort: Er hat _____ Schokoküsse verteilt.

b) Jedes Kind hat 2 Schokoküsse bekommen. Wie viele Kinder waren es? Löse durch Zeichnen oder Rechnen.

Antwort: Es waren _____ Kinder.

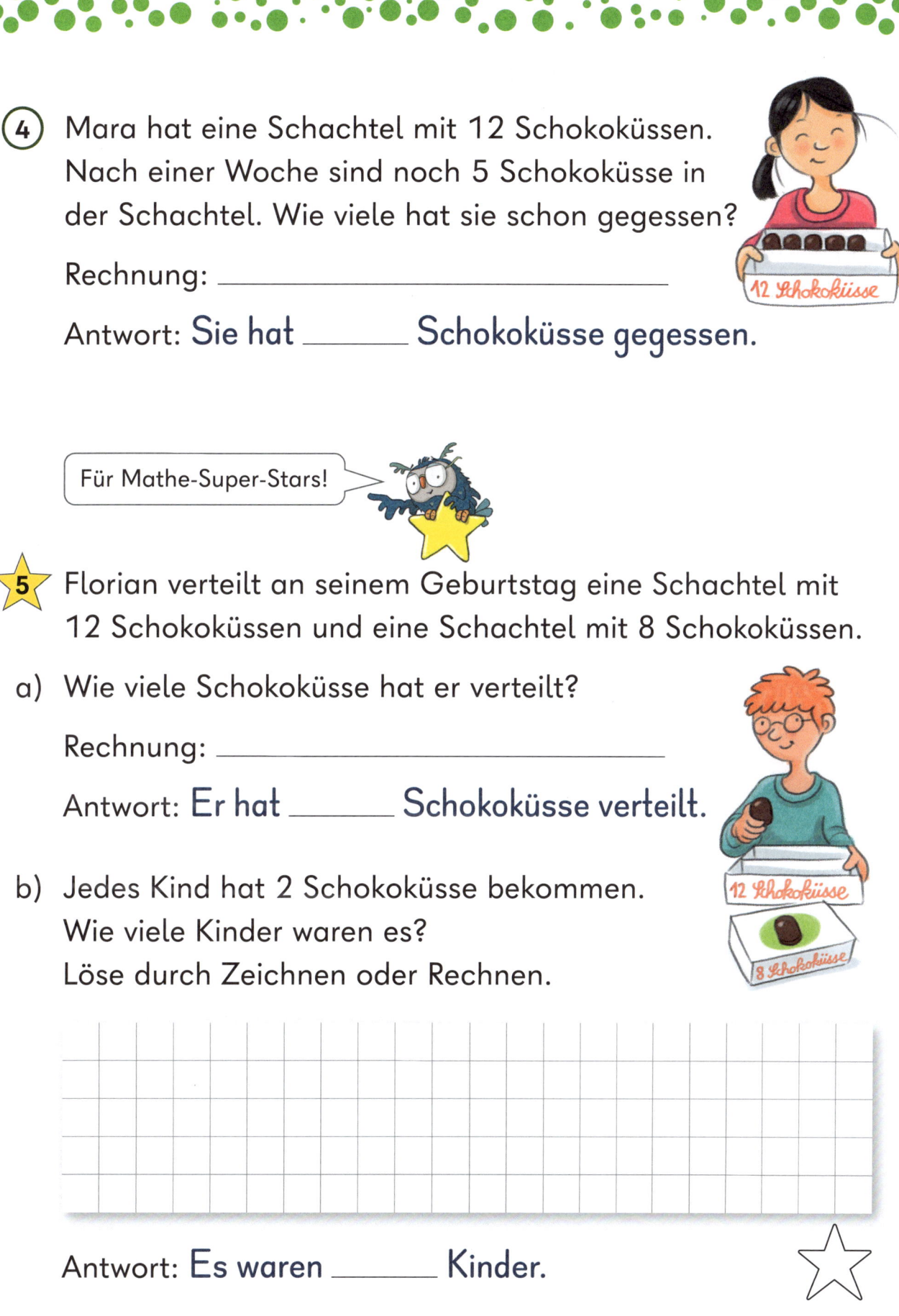

Welche Rechenfrage und Rechnung passt?

Finde die Rechenfrage und die passende Rechnung.
Kreuze an ☒ und rechne.

(1) 16 Kinder warten bereits in der Turnhalle,
2 Kinder ziehen sich noch um.

☐ Wie viele Jungen sind in der Turnhalle?

☐ Wie viele Kinder sind es insgesamt?

☐ Wie viele Kinder sind heute krank?

☐ 16 + 2 = ___   ☐ 16 − 2 = ___   ☐ 10 + 6 = ___

(2) Für den Schwimmunterricht wurden insgesamt 18 Kinder
angemeldet.
Heute fehlen aber 3 Mädchen.

☐ Wie lange dauert der Schwimmunterricht?

☐ Wie viele Kinder können schwimmen?

☐ Wie viele Kinder sind heute beim Schwimmen?

☐ 18 + 6 = ___   ☐ 18 − 3 = ___   ☐ 18 − 8 = ___

(3) Am Klettergerüst turnen 7 Kinder,
4 Kinder sind an der Schaukel,
5 Kinder warten an der Rutsche.

☐ Wie viele Kinder sind im Sandkasten?
☐ Wie viele Kinder sind auf dem Spielplatz?
☐ Wie alt sind die Kinder?

☐ 5 + 7 = ____   ☐ 7 – 4 = ____
☐ 7 + 4 + 5 = ____

(4) 15 Kinder treffen sich um 15 Uhr zum Fußball-Training.
4 Kinder werden um 16 Uhr abgeholt,
2 Kinder gehen um 16.30 Uhr zum Bus.
Alle anderen Kinder trainieren bis 17 Uhr.

☐ Wie viele Kinder bleiben bis 17 Uhr?
☐ Wie heißt der Fußballverein?
☐ Wie viele Mädchen spielen mit?

☐ 15 + 4 + 2 = ____
☐ 15 – 4 – 5 = ____
☐ 15 – 4 – 2 = ____

Die Uhr

(1) Kennst du beide Uhrzeiten?

☀ 11 Uhr
☾ 23 Uhr

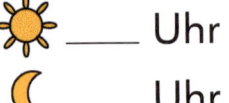
☀ ___ Uhr
☾ ___ Uhr

☀ ___ Uhr
☾ ___ Uhr

☀ ___ Uhr
☾ ___ Uhr

(2) Trage die Zeiger in die Uhr ein.

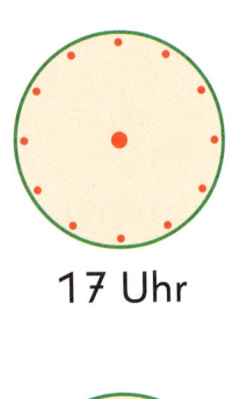
17 Uhr

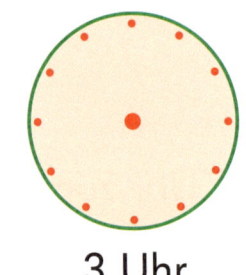
3 Uhr

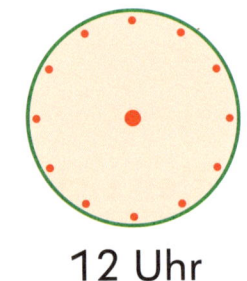
12 Uhr

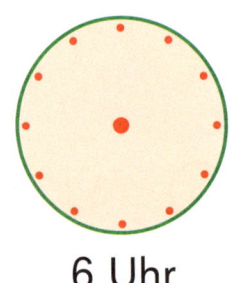
6 Uhr

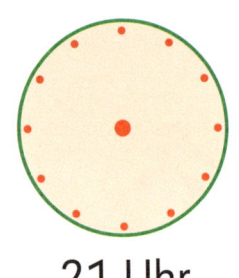
21 Uhr

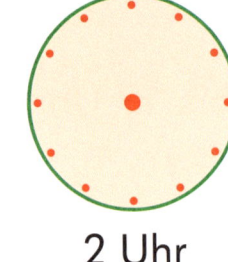
2 Uhr

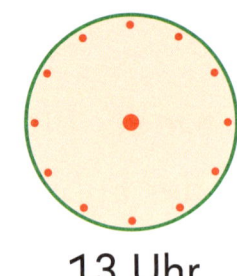
13 Uhr

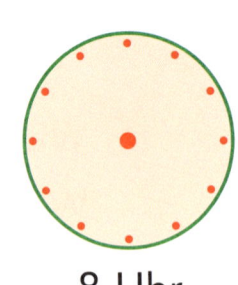
8 Uhr

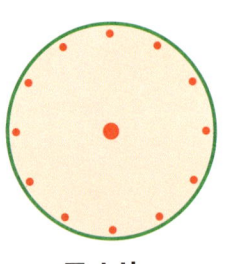
7 Uhr

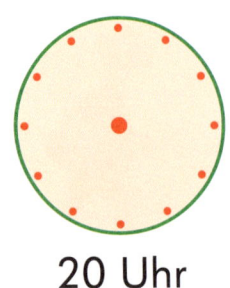
20 Uhr

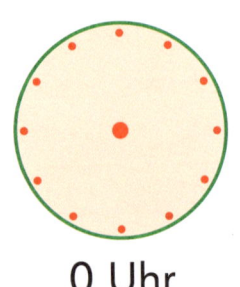
0 Uhr

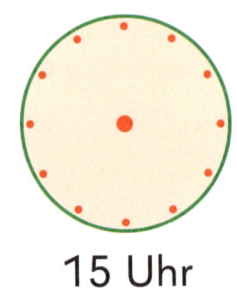
15 Uhr

3 Verbinde die Uhren mit gleicher Uhrzeit.

4 Welche Zahl wird hier angezeigt?

2 = ___   9 = ___   4 = ___   8 = ___   6 = ___

1 = ___   7 = ___   3 = ___   5 = ___   0 = ___

5 Ergänze die fehlenden Zeiten.

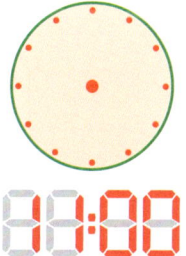  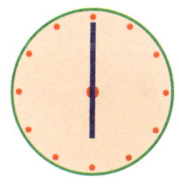 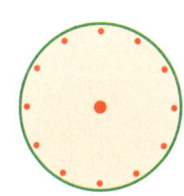

Male rot, was zur Zahl gehört!

Zahlenmauern

1 Rechne.

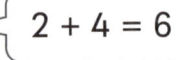
2 + 4 = 6

6
| 2 | 4 | 3 |

| 5 | 1 | 2 |

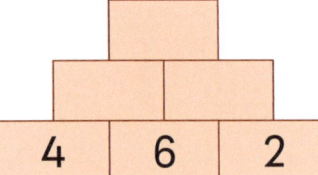

| 4 | 6 | 2 |

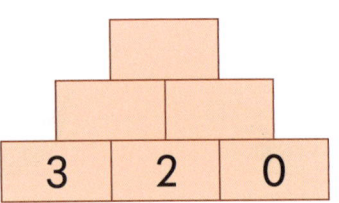

| 3 | 2 | 0 |

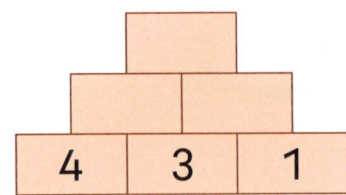

| 4 | 3 | 1 |

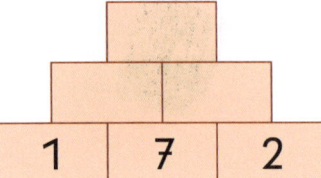

| 1 | 7 | 2 |

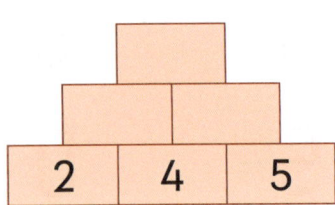

| 2 | 4 | 5 |

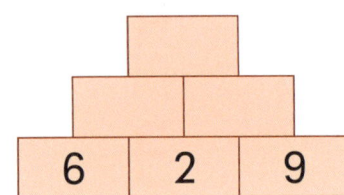

| 6 | 2 | 9 |

| 4 | 5 | 6 |

2 Welche Zahlen fehlen?

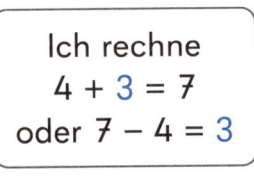

Ich rechne
4 + 3 = 7
oder 7 − 4 = 3

15
7
| 4 | 3 | |

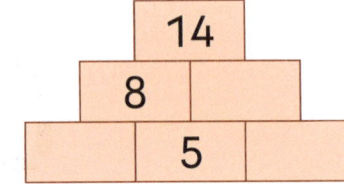

12
8
| 1 | | |

20
10
| 6 | | |

14
8
| | 5 | |

18
11
| 4 | | |

APP Video

③ Vergleiche: > < =

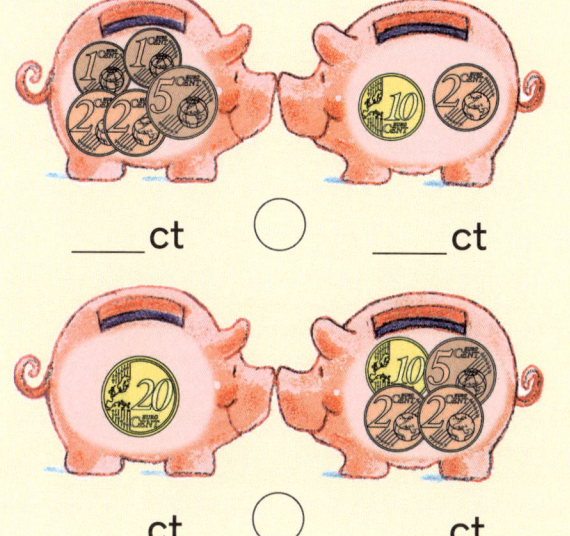

____ct ◯ ____ct   ____ct ◯ ____ct

____ct ◯ ____ct

② Verbinde Uhr und Uhrzeiten.

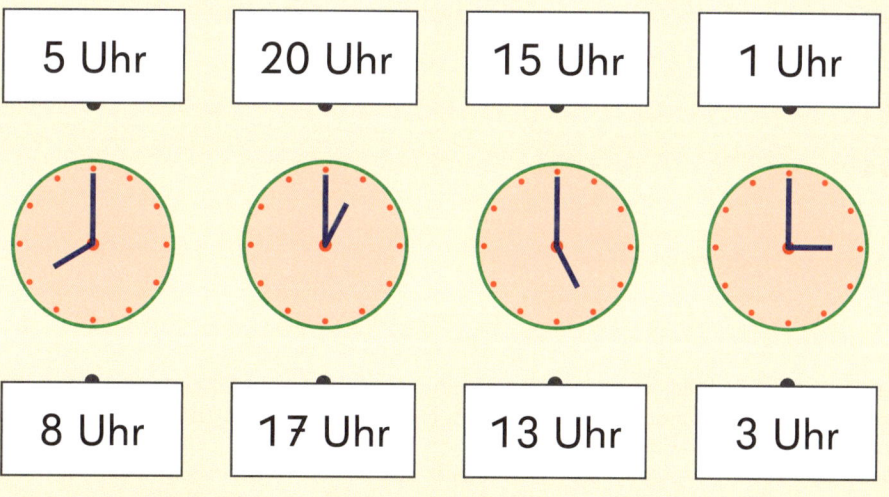

| 5 Uhr | 20 Uhr | 15 Uhr | 1 Uhr |

| 8 Uhr | 17 Uhr | 13 Uhr | 3 Uhr |

① Ergänze die Rechenmauern.

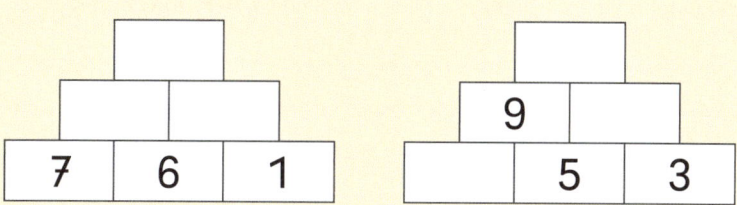

| 7 | 6 | 1 |

| 9 | | |
| | 5 | 3 |

⓪ Auf zu neuen Abenteuern!

Mathe-Stars

Mathe-Stars 1

Erarbeitet von: Petra Ihn-Huber, Stefan Kobr, Christine Kullen und Beatrix Pütz
Auf der Grundlage der Ausgabe von: Werner Hatt, Petra Ihn-Huber, Stefan Kobr,
Ursula Kobr, Elisabeth Plankl und Beatrix Pütz

Redaktion: Penny Paulus
Illustration: Eve Jacob, Baden-Baden: alle Illustrationen (z. T. nach Illustrationen von Mathias Hütter), mit Ausnahme der nachfolgend genannten; Christian Bartz, Berlin: Eule "Eulalia" (nach Entwürfen von Dorothee Mahnkopf);
Mathias Hütter, Schwäbisch Gmünd: S. 4/5 (alles außer Eulen), 6/o., 7/o., 12/o., 21 und 24 (Rechentürme, Fahnen), 22/o., 23/o. li., 25/o., 28 (Eis, Stifte), 29 (Kugeln, Äpfel), 30 und 58 (Geldbeutel), 31 (Sparschweine), 32/33 (alles außer Geld), 40/41, 46 (Säcke, Rahmen), 52/u., 53/u., 56/57 (Schachteln mit Fischen), 59 (Sparschweine), 61 (Ketten), 62 (Autos), 64 und 71 (Sparschweine); Manuela Ostadal, München: S. 6/u., 38/o.
Grafik: Detlef Seidensticker, München (S. 13/Nr. 5, 15, 46 (Flächen), 54, 68 und 69 (Zifferblätter))
Umschlaggestaltung: Corinna Babylon, Berlin
Umschlagillustration: Eve Jacob, Baden-Baden; Christian Bartz, Berlin (Eule)
Layout: Heike Börner, Berlin
Technische Umsetzung: PER MEDIEN & MARKETING GmbH, Braunschweig

Quellenangaben: Euro-Scheine (S. 30, 31, 33, 37, 64): Cornelsen/Christine Wächter/Deutsche Bundesbank. Euro- und Cent-Münzen (S. 30, 31, 33, 37, 58, 59, 64, 71): Cornelsen/Christine Wächter/Deutsche Bundesbank/Luc Luycx aus Belgien

www.cornelsen.de

1. Auflage, 1. Druck 2025

Alle Drucke dieser Auflage sind inhaltlich unverändert und können im Unterricht nebeneinander verwendet werden.

© 2025 Cornelsen Verlag GmbH, Mecklenburgische Str. 53, 14197 Berlin, E-Mail: service@cornelsen.de

Druck: Athesiadruck GmbH, Bozen

ISBN 978-3-464-81517-5

PEFC-zertifiziert
Dieses Produkt stammt aus nachhaltig bewirtschafteten Wäldern und kontrollierten Quellen
PEFC/18-31-166   www.pefc.de